2020년 가야학술제전 학술총서 04
가야의 비늘 갑옷

2020년 가야학술제전 학술총서 04
가야의 비늘 갑옷

초판 1쇄 발행 | 2021년 8월 31일

지 은 이 | 김재휘, 김성호, 김혁중, 初村武寬
기   획 | 이정근, 김혁중(국립김해박물관)
편집·진행 | 김민철(국립김해박물관)
발   행 | 국립김해박물관
　　　　　50911 경상남도 김해시 가야의 길 190 국립김해박물관
　　　　　T. 055-320-6800   F. 055-325-9334
　　　　　http://gimhae.museum.go.kr
출   판 | 진인진
　　　　　13837 경기도 과천시 별양상가 1로 18, 614
　　　　　T. 02-507-3077   F. 02-507-3079

ISBN 978-89-6347-479-3 94910 / 978-89-6347-475-5 94910(세트)

ⓒ 2021 Gimhae National Museum of Korea All rights reserved.

* 이 책의 저작권은 국립김해박물관이 소유하고 있습니다.
* 이 책에 담긴 모든 내용은 국립김해박물관의 허가를 받아 사용할 수 있습니다.

2020년
가야학술제전
학술총서
04

김재휘 김성호 김혁중 初村武寬 ──── 지음

가야의 비늘 갑옷

국립김해박물관

2019년 가야학술제전

	주제	개최일
1	문자로 본 가야	2019. 6. 1.
2	삼한의 신앙과 의례	2019. 7.12.
3	삼국시대 마주·마갑 연구 성과와 과제	2019. 8.30.
4	가야사람 풍습연구-편두	2019. 9.27.
5	가야 직물 연구	2019.10.25.

2020년 가야학술제전

	주제	개최일
1	가야의 기록, 「가락국기」를 이야기하다	2020. 7.11.
2	영남의 지석묘 사회 가야 선주민의 무덤	2020. 8.14.
3	삼국시대 금동관 비교연구	2020.10.16.
4	가야의 비늘 갑옷	2020.11.20.
5	가야의 주거문화	2020.12. 4.

2021년 가야학술제전

	주제	개최일
1	가야의 말과 말갖춤	2021. 4. 9.
2	가야 전사의 무기	2021. 7.23.
3	가야 선주민의 바닷길과 대외 교류	2021. 8.20.
4	창원 다호리유적 재조명 l -금속기	2021.10.22.
5	가야지역 출토 수정의 과학적 조사 연구	2021.11. 5.

차례

1 대성동 고분군 출토 찰갑의 구조와 특징
김재휘

I. 서론 · 11
II. 대성동고분군 출토 찰갑 검토 · 13
   1. 용어 및 명칭정리 · 13
   2. 출토 찰갑 검토 · 17
III. 대성동고분군 찰갑 구조 및 특징 · 23
   1. 대성동 고분군 찰갑의 구조 · 23
   2. 김해 출토 찰갑의 특징 · 27
IV. 결론 · 34

2 동래 복천동고분군 출토 찰갑의 3D 구조복원
김성호

I. 머리말 · 51
II. 찰갑 제작기법과 구조복원의 방법 · 가설설정 · 52
   1. 제작기법과 부장양상 · 52
   2. 구조복원의 방법과 가설설정 56
III. 4세기대 찰갑의 구조와 특징 · 58
   1. 구조복원 · 59
   2. 특징 · 72
IV. 5세기대 찰갑의 구조와 특징 · 75
   1. 구조복원 · 76
   2. 특징 · 85
V. 맺음말 · 88

3   옥전고분군 출토 찰갑의 구조와 의미
김혁중

I. 머리말 · 95
II. 옥전고분군 출토 찰갑의 구조 · 96
   1. 출토 자료의 분석 · 96
   2. 특징과 의미 · 109
III. 맺음말 – 향후 연구 과제 · 113

4   古代札甲からみた倭と加耶
初村武寬

I. はじめに · 119
II. 加耶と倭の札式甲冑 · 119
   1. 札甲 · 120
   2. 籠手 · 122
   3. 臑当 · 123
   4. 頸甲・襟甲と肩甲 · 124
   5. 冑・頬当・錣 · 125
   6. 日本列島で認められる朝鮮半島系甲冑 · 127
   7. 加耶地域における倭系札式甲冑 · 128
   8. 札式甲冑の受容・展開からみる加耶・倭の関係性 · 129
III. おわりに · 130

4 고대 찰갑으로 본 倭와 加耶
하쓰무라 다케히로(번역: 김도영 경북대학교)

I. 머리말 · 142
II. 가야와 왜의 찰식갑주(札式甲冑) · 142
  1. 찰갑 · 143
  2. 팔뚝가리개(籠手) · 145
  3. 정강이가리개(臑当) · 146
  4. 경갑(頸甲)·襟甲과 견갑(肩甲) · 147
  5. 투구·수미부가리개(錣)·볼가리개(頬当) · 148
  6. 일본열도에서 확인되는 한반도계갑주 · 150
  7. 가야지역의 왜계찰식갑주 · 152
  8. 찰식갑주의 변용·전개로 본 가야·왜의 관계성 · 152
III. 맺음말 · 153

편집 후기 · 167

1

대성동 고분군 출토 찰갑의 구조와 특징

김재휘 부산대학교

I. 서론
II. 대성동고분군 출토 찰갑 검토
  1. 용어 및 명칭정리
  2. 출토 찰갑 검토
III. 대성동고분군 찰갑 구조 및 특징
  1. 대성동 고분군 찰갑의 구조
  2. 김해 출토 찰갑의 특징
IV. 결론

I. 서론

　　지금까지 영남지역의 찰갑연구는 부산, 함안, 합천, 고령 등을 중심으로 출토된 5세기대의 찰갑에 집중되어 왔다. 이들 찰갑은 중장기병이 착용한 것으로 보이는 갑옷으로 다양한 부속갑과 투구 그리고 마구가 공반되어 출토된다. 그에 비해 4세기대 찰갑자료는 5세기대에 비해 그 출토량이 적으며, 더욱이 보존상태 역시 좋지 못한 경우가 많아 그 연구에 어려움이 많았다.

　　그럼에도 앞선 연구자분들은 4세기대 찰갑에 대한 여러 연구를 진행하였다. 송계현은 5세기대 찰갑의 초기형태라는 의미에서 4세기대 찰갑을 '초(현)기찰갑'이라 명명하였으며, 다른 연구자들은 이러한 초기찰갑(初期札甲)을 크게 2~3가지 형태로 구분하였다(표 1).

　　기존의 연구에서는 초기찰갑을 크게 재질에 따라 구분하였다. 소찰이 모두 철제인 찰갑과 유기질과 철제를 혼용한 찰갑으로 각각 구분하였다. 그리고 철제찰갑을 요찰(腰札)의 유무에 따라 다시 세분하기도 하였다. 연구자마다 차이가 있지만, 대부분 초기찰갑을 2가지 형태로 나눠서 보고 있으며, 각각 명칭을 다르게 하였다. 본고에서는 용어에 따른 혼동을 막기 위해 철제찰갑을 Ⅰ식 찰갑, 유기질제 혼용 찰갑을 Ⅱ식 찰갑이라 하고자 한다.

[표 1] 연구자별 초기찰갑 명칭분류

연구자	鐵製札甲		鐵·有機質 혼용 찰갑 (경찰과 요찰만 鐵製)
	요찰이 있는 경우	요찰이 없는 경우	
송정식(2010)	一자형 요찰을 가지는 개체	요찰을 따로 가지지 않는 개체	언급X
김혁중(2015)	Ⅰ형	Ⅱ형	Ⅲ형
황수진(2011)	A형 찰갑		B형 찰갑
김재우(2010)	괘갑		찰갑

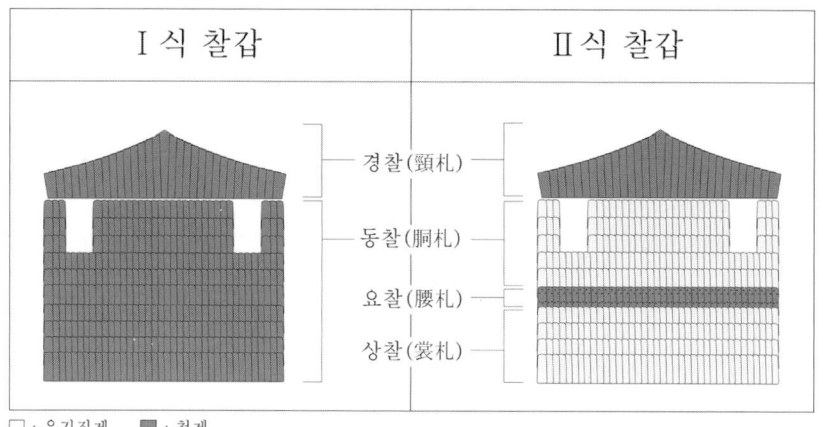

[그림 1] 초기찰갑 Ⅰ식, Ⅱ식 찰갑 모식도 비교

    김해 대성동 고분군에서는 금관가야의 고지답게 4세기대 찰갑 뿐만 아니라 5세기대 찰갑 역시 출토되어, 영남지역의 찰갑 연구에 있어 중요한 자료들을 제공하고 있다. 대성동 고분군에서는 앞서 말한 Ⅰ식과 Ⅱ식 찰갑이 모두 확인된다. 출토된 찰갑은 총 14건으로, 그중에서 초기찰갑은 12건이다. Ⅰ식 찰갑은 4건, Ⅱ식 찰갑은 8건이다. 그 외에 5세기대 유구에서 나온 찰갑은 2건이다. 김해 대성동 고분군 외에도 김해 양동리 고분군에서 Ⅱ식 찰갑 2건, 칠산동 고분군에서 Ⅰ식 찰갑이 1건 출토되었으며, 김해 여래리 고분군에서는 초기찰갑이 아닌 5세기대 고구려 찰갑이 1건 출토되었다.

    본고에서는 그동안 주목받지 못했던 4세기대 찰갑 연구를 김해 일원지역(대성동고분군,양동리고분군,여래리고분군)에서 확인되는 자료를 통해 대성동 고분군 출토 찰갑의 구조와 특징에 대해 알아보고자 한다.

Ⅱ. 대성동고분군 출토 찰갑 검토

대성동에서 출토된 찰갑들 중 보고되지 않았거나, 출토소찰이 너무 단편적이어서 구조를 확인할 수 없는 찰갑은 검토에서 제외하였다. 개별적으로 검토하기 전에 간단하게 찰갑에 대한 용어와 명칭들에 대해서 간단하게 정리해보고자 한다.

1. 용어 및 명칭정리

1) 찰갑 구성

찰갑을 구성하는 소찰은 그 위치와 형태에 따라 동찰, 요찰, 상찰, 상박찰(上膊札), 경찰(頸札-경갑지판) 등으로 구분된다. 우선, 동찰은 착장자의 동체부를 감싸는 소찰로 찰갑 구성비율이 가장 높은 편이다. 요찰은 착장자의 허리를 감싸는 소찰로 그 형태가 특이한 경우가 많으며, 찰갑 계통 연구에 있어 중요한 부분을 차지해 왔다. 상찰은 착장자의 골반 및 대퇴부를 보호하는 소찰이며, 주로 5세기대의 찰갑에서 확인된다. 동찰·요찰·상찰은 함께 연결되어 있으며 이를 신갑이라 부른다. 그 외에 목을 보호하는 경갑은 주로 부속갑(附屬甲)으로서 신갑(身甲)과 별개의 개체로 존재한다. 하지만 4세기대 찰갑에서는 신갑에 부착되었을 가능성이 있으므로 경갑이 아닌 경찰이라고 명명하고자 한다.

2) 소찰
① 평면 형태

소찰은 평면형태에 따라 서로 다른 명칭을 사용한다. 소찰의 윗변

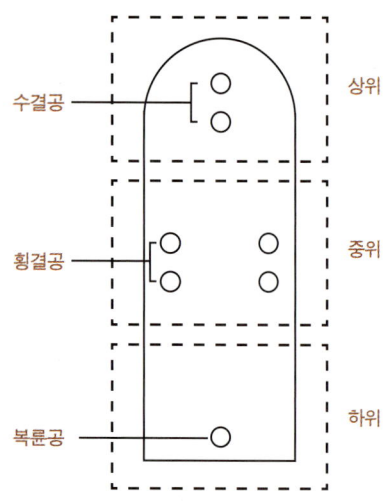

[그림 2] 소찰의 부분명칭

과 아랫변이 둥근 형태인지 각진 형태인지에 따라 상원하방형, 상방하방형(장방형) 등으로 구분한다. 상원하방형은 주로 수결1열을 사용할 때 주로 확인되는 경향이 있다.

② 투공 명칭

소찰은 크게 상위, 중위, 하위, 최하단으로 구분할 수 있다. 소찰 투공은 위치에 따라 그 쓰임새와 명칭이 다르다. 상위에 위치한 2공1조의 투공은 수결공이라고 하며, 주로 소찰의 상하 연결에 사용된다. 중위와 하위에는 횡결공이 확인되며, 소찰의 좌우 연결에 사용된다. 소찰의 양변에 2공1조로 확인된다. 소찰의 최하단에는 밑변을 따라 2~3개의 복륜공이 확인된다. 소찰의 아랫변을 혁포나 가죽끈으로 감쌀 때 사용된다.

3) 혁결기법

① 수결기법

수결기법은 가죽끈을 이용하여 소찰을 위아래 방향으로 연결하는 기법이다. 소찰 상위에 위치하는 수결공에 가죽끈을 엮어서 연결한다. 수결기법은 크게 3가지로 구분할 수 있다. 우선, 상하소찰을 1열로 연속해서 연결해 나가는 '열 수결'이 있다. 기존에 통단위 기법이라고도 불린다. 두 번째는 소찰을 좌우로 연결하면서 동시에 상하연결하는 방식으로 가죽대를 이용한다. 이를 '열단 수결'이라고 하며 철부위 기법이라고도 한다. 세 번째는 소찰단끼리 크게 상하로 연결하는 방법으로 '단 수결'이라고 한다. 이는 각단위 기법이라고도 부르지만 현재 국내에서 출토된 찰갑 중에서 해당 방법을 사용한 예시는 확인되지 않는다.

[표 2] 수결기법의 명칭비교(김성호 2019)

연결원리		모식도	본고	釜山大學校博物館 (1990)	淸水和明 (1996)	황수진 (2011)
방향	단위					
종	열-열		열 수결	수결 제 2기법 수결 제 3기법	통단위 (通段綴)	-
종·횡	열-단		열단 수결	-	철단위 (綴段綴)	연결식 (수결 3)
횡	단-단		단 수결	수결 제 1기법	각단위 (各段綴)	상호식 (수결 1·2)

② 횡결기법

횡결기법은 가죽끈을 이용하여 소찰을 좌우로 연결하는 방법을 말한다. 소찰의 중위나 하위 양변에 위치하는 횡결공에 가죽끈을 엮어서 소찰을 연결한다. 가죽끈을 엮는 방식에 따라 크게 4가지로 구분할 수 있다. 우선 횡결 제1기법은 소찰내면에서 볼 때, 가죽끈이 'N'자 모양으로 연결해 나가는 것을 볼 수 있다. 그에 반해 횡결 제2기법은 'ㄷ'자 모양으로 연결해 나간다. 횡결 제3기법은 횡결 제1기법과 유사하지만 2공1조 횡결공에서 가죽끈을 한번더 감지 않고 바로 다음 소찰로 연결해 나가는 방식이다. 횡결 제4기법은 외면에서 봤을 때는 'X'자 모양이 확인되며, 내면에서 볼 때는 'ㄷ'자 모양이 관찰된다.

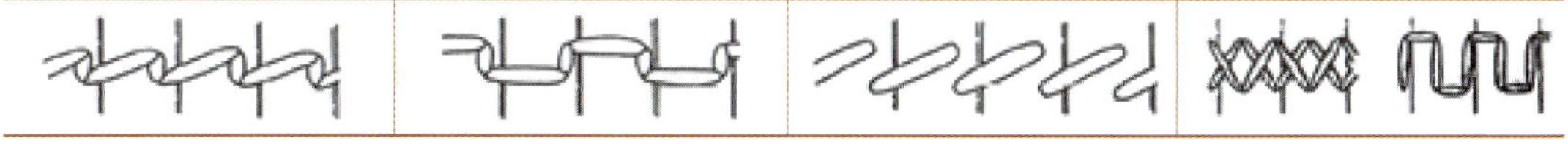

횡결 1	횡결 2	횡결 3	횡결 4

[그림 3] 횡결기법의 내면(內面)모식도(황수진 2011)

③ 복륜기법

복륜기법은 소찰의 모서리를 가죽끈이나 혁포로 감싸는 기법을 말한다. 철제소찰은 얇은 철판이기 때문에 모서리부분이 모두 날카롭다. 때문에 모서리 부분을 감싸 소찰로부터 착장자를 보호하고자 복륜기법을 사용한다. 복륜기법은 크게 두 가지로 구분할 수 있다. 가죽끈을 이용하여 모서리를 감치듯이 감싸는 혁뉴복륜이 있다. 소찰 최하단에 위치하는 복륜공을 이용하며, 가죽끈의 모양이 사선방향으로 진행된다. 또다른 기법으로는, 소찰 모서리를 혁포로 감싼 뒤, 복륜공에 맞춰 가죽끈으로 고정하는 혁포복륜이 있다. 가죽끈의 모양이 '_'자 모양으로 진행된다.

4) 중첩방향

소찰을 연결하여 찰갑을 만들 때, 우선 소찰을 좌우로 연결하여 소찰단을 만든다. 그리고 만들어진 여러개의 소찰단들을 상하로 연결하여 찰갑을 구성한다. 소찰을 연결할 때, 소찰간의 중첩이 이루어진다. 이때 소찰들이 중첩되는 방향마다 그에 맞는 명칭이 있다.

① 좌우중첩

소찰을 좌우로 겹치는 방법은 크게 3가지로 구분할 수 있다. 소찰 외면을 기준으로 좌측변에 다른 소찰을 겹쳐서 중첩해나가는 것을 좌중첩이라고 하며, 우측변에 다른 소찰을 겹쳐나가는 것을 우중첩이라고 부른다. 소찰의 좌우변 모두에 다른 소찰이 중첩된 것을 중앙중첩이라고 한다. 중앙중첩은 다시 그 방향에 따라 1식과 2식으로 구분할 수 있다. 외면을 기준으로 볼 때, 1식은 중앙소찰이 가장 아래에 있으며, 소찰 양측변 위로 다른 소찰들이 겹쳐나간다. 2식은 중앙소찰이 가장 위에 있는 형태로, 1식과 정반대이다.

② 상하중첩

좌우중첩을 한 소찰단을 상하로 연결하는데 크게 2가지 방법이 있다. 외면을 기준으로 소찰단을 중첩할 때, 소찰단이 안쪽으로 중첩해 나가는 것을 내중식(內重式), 바깥으로 중첩해 나가는 것을 외중식(外重式)이라고 한다.

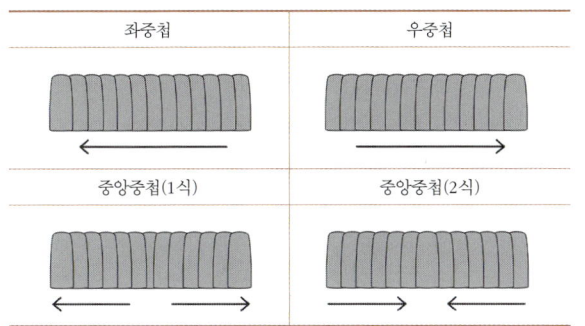

[그림 4] 소찰의 좌우중첩방식

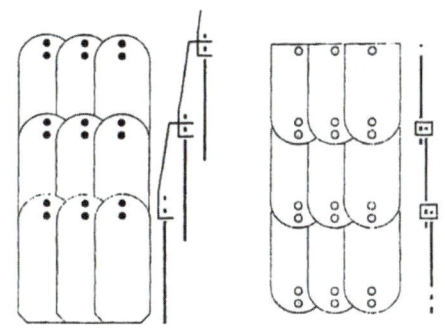

[그림 5] 소찰의 상하중첩방식(淸水和明 1996)
(左-외중식, 右-내중식)

2. 출토 찰갑 검토

1) 김해 대성동 1호

대성동 1호에서는 경갑 4점과 요갑 1점이 출토되었다. 이중 경갑 1점은 상태가 좋지 않아 보고되지 않았다. 출토정황을 미루어 볼 때, Ⅱ식 찰갑 1점과 경갑 3점이 부장된 것으로 추정된다. Ⅱ식 찰갑의 요찰일부에서 수결기법으로 추정되는 가죽흔이 일부 확인된다. 소찰의 중앙 상위에 있는 수결공에서 열 수결의 흔적이 관찰된다. 또한 잔존한 요찰의 소찰군을 통해 중앙중첩 1식이 이루어졌음을 알 수 있다. 요찰은 총 38매가 확인되었으며, 길이 12.3~13cm, 폭은 3.2~4cm이다. 소찰 상위 중앙과 중위 중앙에 각각 1개씩 수결공이 확인되며, 상위 양변과 중위 양변에 횡결공이 각각 1개씩 배치되어있다. 최하단 중앙에는 복륜공이 1개 있다.

2) 김해 대성동 2호

1건의 찰갑이 출토되었으며, 3가지 유형의 소찰이 확인된다. 기존 연구에서는 요찰이 있는 찰갑으로 보았지만, 본고에서는 해당 소찰이 요찰이 아닌 경찰로 보고자 한다. 해당소찰은 종단면에 곡률이 확인되고, 투공배치도 다른 유구 요찰들과 전혀 다른 모습을 하고 있다. 해당 소찰

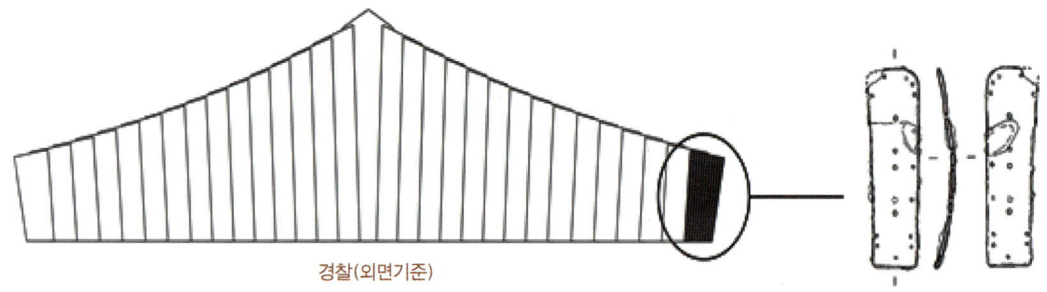
경찰(외면기준)

[그림 6] 대성동 2호 출토 요찰의 본래 위치

은 경찰 중에서도 우측 개폐부 끝에 위치하는 소찰로 판단된다(그림6). 특히 소찰의 우측변을 따라 투공이 필요이상으로 많이 확인되는데, 이는 복류를 위해 뚫어놓은 복류공으로 보인다.

그 외에 철제찰갑의 동찰로 추정되는 소찰이 확인된다. 길이 10.5cm, 폭 2.2~2.7cm로 세장한 형태이며 대형의 소찰이다. 상원하방형으로 소찰 상위 중앙에는 2공1조의 수결공이 확인되며, 중위 양옆으로 혁결공이 관찰된다. 소찰 최하단에는 복류공이 중앙에 1개 관찰된다. 정확한 수량은 보고되지 않았지만, 그 형태와 투공배치를 미루어 보아 동찰로 추정된다. 그리고 길이 4.5cm, 폭 1.6~2.1cm로 소형 소찰이 13매정도 보고되었다. 하단으로 갈수록 폭이 좁아진다. 투공의 배치는 1형식과 같다. 상박찰로 추정된다.

소찰은 총 3가지로 경찰, 동찰, 상박찰이 있다. 대성동 2호에서 출토된 찰갑은 철제소찰로 이루어진 찰갑으로 Ⅰ식 찰갑에 해당된다.

3) 김해 대성동 3호 주곽

주곽에서 확인된 1점의 찰갑은 철제소찰로 구성된 Ⅰ식 찰갑이며, 1개 유형의 소찰로 구성된 것으로 추정된다. 다만, 대성동 3호 주곽의 찰갑은 대성동 2호의 찰갑처럼 출토량에 비해 보고된 수량이 적기 때문에 정확한 양상을 파악하기 어렵다. 소찰은 대부분 상원하방형으로 크게 두 종류로 구분된다. 우선 신갑을 구성하는 동찰이 확인된다. 길이 10cm, 폭 4.5cm이며, 상위 중앙에 2공 1조의 수결공이 있으며, 중위와 하위 양쪽에 2공 1조의 횡결공이 확인된다. 최하단 중앙에 복륜공 1개가 배치되어 있다.

그 외에 길이 5.4~5.8cm, 폭 2.6~3cm의 상박찰이 확인된다. 총 3매가 확인되며, 상위 중앙에 2공 1조의 수결공이 상하일렬로 배치되어 있으며, 중위의 양쪽에 2공 1조의 횡결공이 각각 위치한다. 최하단의 중앙에는 복륜공이 1개 있다.

4) 김해 대성동 3호 부곽

부곽에서는 2점의 찰갑이 출토되었으며, 모두 Ⅱ식 찰갑이다. 대성동 1호에서 출토된 Ⅱ식찰갑과 같은 형태로 추정된다. 찰갑A에 있는 요찰은 대성동 1호 요찰과 같은 투공배치를 가지고 있으며, 총 37매가 잔존한다. 경찰은 정후방지판은 2매 이상으로 추정되며, 상단의 형태는 직선이다. 지판의 수량은 20매 이상이다. 투공의 배치는 최상단에 좌우일렬로 2공 1조의 복륜공이 있으며 상위와 하위의 양쪽에 2공 1조의 횡결공이 각각 위치한다. 최하단의 중앙에는 1개의 복륜공이 있다. 중첩양상은 중앙중첩 1식에 해당된다.

찰갑B의 요찰은 총 19매가 잔존한다. 투공의 위치는 최상단에 2공 1조의 상하일렬 투공이 좌우 그리고 중앙에 각각 위치하며, 상위와 중위의 양쪽에는 횡결공이 각각 1개씩 확인된다. 중위의 중앙에는 투공이 1개 배치되어 있으며, 최하단의 중앙에는 복륜공이 1개 있다. 전체적으로 찰갑A 요찰의 투공배치가 유사하지만 최상단의 2공3조의 배치가 서로 다르다. 중첩양상 역시 찰갑A 요찰과 마찬가지로 좌중첩에 해당된다. 경찰은 정후방지판의 형태는 알 수 없다. 각 지판마다 상단을 따라서 복륜공이 3개 이상씩 배치되어 있다. 최하단에는 복륜공이 2개씩 있는 것으로 추정된다. 중첩양상은 중앙중첩 1식으로 추정된다.

5) 김해 대성동 7호

대성동 7호는 아직 보고되지 않아 정확한 양상은 파악하기 힘들지만, 일부 공개된 도면을 보았을 때, 요찰로 추정되는 소찰이 확인된다. 소찰의 투공배치로 볼 때, 앞의 대성동 1호와 3호의 것과 같다. 이를 미루어 볼 때, 대성동 7호의 찰갑은 대성동 1호와 3호에서 출토된 상반신찰갑처럼 동체부가 유기질제 소찰로 구성된 Ⅱ식 찰갑으로 추정된다.

6) 김해 대성동 39호

39호분은 경찰 1령만 보고되었으며, 요찰은 보고되지 않아 정확한 형태를 파악할 수 없다. 다만, 해당유구의 발굴도면에서 확인되는 찰갑 출토양상을 볼 때, 경찰과 요찰이 서로 일정한 간격을 두고 확인된다. 이는 앞의 대성동 1호와 같은 양상이다. 대성동 39호 찰갑은 철제의 경찰과 요찰로 구성된 Ⅱ식 찰갑으로 추정된다.

7) 김해 대성동 57호

총 6점의 요찰이 좌중첩된 채로 출토되었다. 평면형태는 상원하방형이며, 단면형태는 약하게 곡률을 가진다. 길이는 12cm, 폭은 5.4cm이며, 투공의 배치는 최상단의 중앙에 수결공이 1개 있으며, 상위와 중위의 좌우에 각각 횡결공이 1개씩 배치된다. 중위의 중앙에 1개의 투공이 있으며, 최하단의 중앙에 복륜공이 1개 관찰된다. 대성동 1호와 같은 형태의 요찰이다.

대성동 57호 출토 요찰의 투공배치가 대성동 1호의 것과 같은 것으로 보아, 대성동 1호의 찰갑처럼 유기질제의 소찰과 철제의 요찰로 구성된 찰갑으로 추정된다.

8) 김해 대성동 68호

1개 유형의 소찰만 확인된다. 상단의 중앙에 종으로 2공1조의 수결공이 있으며, 상위와 하위 좌우변에 각각 2공1조의 횡결공이 위치한다. 최하단에는 2공1조의 복륜공이 횡으로 있다. 소찰은 길이 9.5cm, 폭 3.4~3.9cm전후이다. 중첩양상은 좌중첩과 우중첩이 모두 확인되지만, 중앙중첩은 관찰되지 않는다.

68호분에서 출토된 찰갑의 형태는 현재 여러 가지 의견이 존재한다. 보고서에서는 출토 소찰을 요찰로 파악하였으며, 2령이상의 요찰(찰갑)이 출토되어 서로 덮여진 것이라 추측하였다. 그에 반해 김병호[1]는 찰갑의 출토상황을 근거로 하여 요찰이 아닌 1령의 패갑[2]으로 파악하였다. 또한 대성동 68호분에서 출토된 찰갑의 형식이 경산 조영 1B-60호와 부산 복천동 38호 출토 찰갑처럼 경찰이 공반되지 않는다는 점을 특징으로 보았으며, 이는 대성동 68호의 위계가 낮기 때문에 생기는 현상으로 파악하였다.

대성동 68호 출토 소찰 중 4개의 소찰단(小札段)이 잔존한 소찰군이 있다. 해당 소찰군의 단면을 통해서 각 단의 좌우 중첩방향을 확인할 수 있다. 총 4단 중에서 최상단, 3번째단, 4번째단은 우중첩이며, 2번째단만 좌중첩이다. 모든 단이 같은 중첩양상을 하지 않는 복합양상으로 추정되며, 이는 동체부를 감싸는 1점의 철제 찰갑으로 추정된다. 최소 3단이상으로 이루어진 찰갑으로 보이며, I식 찰갑으로 추정된다.

9) 김해 대성동 70호(주곽)

3개의 소찰군이 출토되었으며, 각각 가,나,다군으로 구별되어 보고되었다. 우선, 가군은 많은 양의 소찰이 수착되어 있기에 정확한 형태를 알 수 없다. 수착된 소찰들 대부분 동찰인 것으로 추측된다. 그 외에도 4

----

1 김병호, 2017, 「최근 대성동 출토 갑주와 변화양상」, 『金海 大成洞古墳群 -추가보고 및 종합고찰-』, 대성동고분박물관 고찰. (159~165 p.g)
2 김병호는 김재우(2010)의 의견에 따라, 철제소찰로만 이루어진 찰갑을 패갑(掛甲)이라 명칭하였다. 김병호, 2017, 上揭書.

개 유형의 소찰이 더 있을 것으로 생각되지만 정확한 형태를 알기 어렵다. 외중식의 상하중첩이 이뤄진 것으로 파악된다.

나군에서는 최소 8매 이상의 경찰편이 상부에서 확인된다. 일부 주칠흔적도 확인된다. 소찰의 종류와 수량은 정확히 파악하기 힘들지만 대부분 동찰인 것으로 추정된다. 소찰단이 최소 10~12단으로 구성되어 있다. 좌중첩이 주로 확인되며 온전한 소찰은 관찰되지 않는다. 가군과 마찬가지로 상하중첩은 외중식으로 추정된다.

다군은 다른 소찰군에 비해 소찰의 수가 적으며, 마찬가지로 정확한 소찰의 형태를 파악할 수 없다.

소찰군에서 상하중첩이 확인된다는 점, 그리고 최소 2가지 이상의 소찰로 구성되었다는 점을 미루어 보아 철제의 소찰로 구성된 Ⅰ식 찰갑으로 추정된다. 그리고 찰갑에는 경찰이 함께 부착되었을 것으로 추측된다.

10) 김해 대성동 90호

경갑 1점과 찰갑 1점이 출토된 것으로 추정된다. 대부분 결실되어 일부만 잔존하였지만, 일부 소찰을 통해 대략적인 형태를 추측할 수 있다. 앞에서 설명한 다른 대성동 출토 찰갑과는 다르게 5세기대의 'S'자형 요찰이 출토되었다. 이는 90호분의 찰갑은 앞에서 설명한 Ⅰ, Ⅱ식 찰갑에 속하는 것이 아닌 고구려의 영향을 받은 기마용 찰갑이다. 또한 부속갑으로 경갑과 상박갑이 출토되어 이를 뒷받침한다.

11) 김해 대성동 93호

경갑 1점과 찰갑 1점이 출토되었다. 경갑은 5점의 소찰 잔존해 있으며, 종단면은 강하게 외반되어 있다. 모두 일부만 잔존하여 정확한 형태와 양상을 파악할 수는 없다. 찰갑 소찰은 총 35점이 잔존하며, 모두 같은 형태의 소찰로 추측된다. 소찰의 최상단과 최하단에 복륜공으로 추측되는 2공 1조의 투공이 단변을 따라 배치되어 있다. 횡결공은 2공 1조로 소찰의 상위와 하위 양변에 각각 위치하며, 중위에는 3개의 수결공이 중앙에 배치되어 있다. 이러한 투공배치를 보이는 소찰은 대성동에서 발견된 적이 없으며, 기존의 소찰들과 궤를 달리한다. 다만, 복천동 38호 출토 찰갑의 요찰과 투공배치가 똑같다. 복천동 38호 찰갑은 철제소찰로 이루어진 찰갑으로 Ⅰ식 찰갑에 속한다. 그러므로 93호 출토 찰갑 역시 Ⅰ식 찰갑에 속할 가능성이 높다.

Ⅲ. 대성동 고분군 찰갑 구조 및 특징

1. 대성동 고분군 찰갑의 구조

앞서 살펴본 대성동 고분군 출토 찰갑을 검토해 보았을 때, 소찰 재질과 구성에 따라 크게 2가지로 구분할 수 있다. 찰갑을 구성하는 소찰의 재질이 모두 철제인 Ⅰ식과 유기질제와 철제가 혼용되어 사용되는 Ⅱ식으로 대성동 고분군 찰갑은 구분된다.

1) Ⅰ식

Ⅰ식 찰갑은 대성동 2호·3호(주곽)·68호·70호·93호에서 출토되었다. 대성동 3호(주곽)와 68호에서 출토된 소찰의 투공배치가 서로 같다는 점을 제외하고는 큰 공통점을 찾기는 어렵다. 또한 대부분 출토상태 역시 좋지 않아 정확한 형태를 유추하기 어렵다. 때문에 대성동에서 출토된 Ⅰ식 찰갑 외에 김해 칠산동 고분군에서 출토된 칠산동 35호 출토 찰갑을 예시로 설명하고자 한다. 칠산동 35호 찰갑을 바탕으로 하여 대성동 고분군에서 출토된 Ⅰ식 찰갑의 구조를 알아보고자 한다.

김해 칠산동 35호 출토 찰갑은 부장된 상태 그대로 내려앉은 채 출

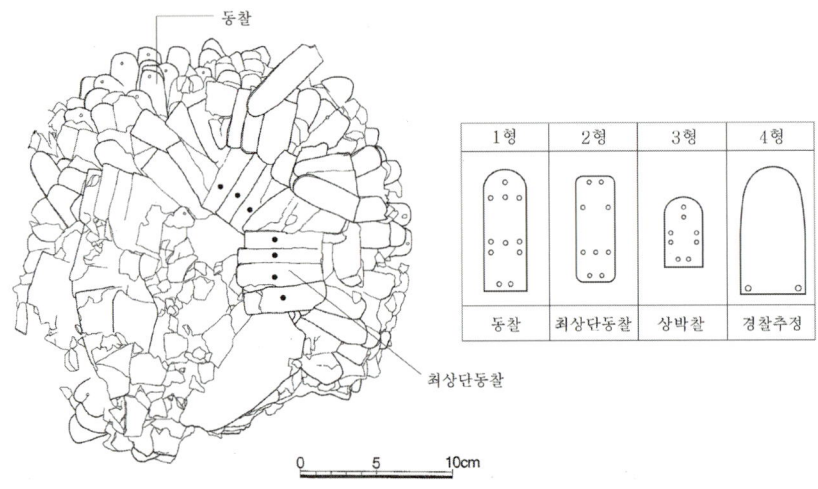

[그림 7] 김해 칠산동 35호 출토 찰갑 및 소찰모식도

토되었다. 때문에 다른 찰갑에 비해 그 형태를 유추하기 용이하다. 총 4개 유형의 소찰로 구성되었으며, 요찰은 확인되지 않는다. 총 6~7단의 소찰단이 외중식으로 상하 중첩되었으며, 각 단마다 40매 소찰로 제작되었다. 총 250매 내외의 소찰로 구성되었음을 알 수 있다. 특이하게도 후경판으로 추정되는 소찰이 1매 확인되었으며, 동찰은 일반적인 동찰과 최상단 동찰의 투공배치가 다르다. 좌우중첩은 모두 확인되는 것으로 보아 중앙중첩이 있는 것으로 추정되지만 정확히 어느 지점에서 이루어지는지 알 수 없다. 혹은 같은 소찰단 내에서 좌중첩과 우중첩이 이루어지지 않고, 소찰단 마다 좌우 중첩을 달리 했을 가능성이 있다(사진 1). 대성동 68호 찰갑에서도 각단마다 서로 다른 중첩양상을 보이는 소찰군이 확인되었던 만큼 칠산동 35호 찰갑 역시 소찰단마다 좌우중첩이 달랐을 가능성이 있다.

　　칠산동 35호분 출토 찰갑 양상을 바탕으로 볼 때, Ⅰ식 찰갑은 횡으로 소찰들을 우선 연결하고 이후 상하로 연결한 것으로 보인다. 소찰을 횡결하여 소찰단을 만든 뒤, 이러한 작업을 반복하여 착장자의 몸에 맞춰 일정 개수의 소찰단을 제작한다. 그리고 소찰단의 상하연결은 바깥으로

[사진 1] 칠산동 35호 소찰 중첩

중첩해 나가는 외중식(外重式)을 기본으로 한다. 찰갑의 좌우중첩은 중앙중첩이 이루어졌을 경우, 등부분(背部) 혹은 옆구리부분(脇部)에서 중앙중첩했을 가능성이 있다.[3] 하지만 소찰단마다 좌우중첩을 달리하여 제작했을 가능성도 있다.

2) Ⅱ식

Ⅱ식 찰갑은 대성동 1호, 2호, 7호, 39호, 57호에서 확인된다. Ⅱ식 찰갑의 구성은 철제 경찰과 요찰, 그리고 유기질제 소찰로 구성되어 있다. 유기질제 소찰과 철제 소찰을 혼용하여 사용한다고 하여 '유기질제 혼용 찰갑'이라는 명칭을 최근 사용되고 있다.[4] 경찰의 형태는 정확하게 알 수 없지만, 요찰의 경우 모두 같은 형태의 소찰을 사용하고 있다. 해당 소찰은 상원하방형이며, 투공배치가 일반적인 동찰과는 다르다. 대부분의 소찰은 2공1조의 수결공 혹은 횡결공을 가지는데 반해, 해당 요찰은

---

[3] 김해에서 출토된 사례는 아니지만 4세기대 Ⅰ식 찰갑으로 보이는 울산 하삼정 26호, 포항 마산리 목곽 2호 출토품을 볼 때, 옆구리에서 중앙중첩이 확인된다. 이를 바탕으로 볼 때, 김해의 Ⅰ식 찰갑에서도 협부를 중심으로 중앙중첩이 이루어졌을 가능성이 높다.

[4] 김혁중, 2019, 「삼국시대 영남지방 유기질제 혼용찰갑의 기술계통과 특징」, 『영남고고학』83.

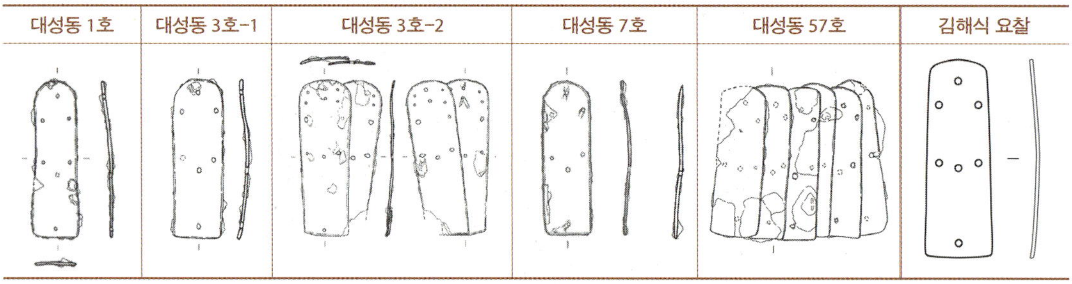

| 대성동 1호 | 대성동 3호-1 | 대성동 3호-2 | 대성동 7호 | 대성동 57호 | 김해식 요찰 |

[그림 8] 김해식 요찰

상위와 중위에 수결공과 횡결공이 멀찍이 떨어진 채 확인된다. 해당 요찰은 대성동고분군뿐만 아니라 김해 양동리 107호에서도 확인된다. 양동리 107호 찰갑은 대성동 1호와 마찬가지로 경찰과 요찰이 확인되었으며, 요찰은 총 34매가 확인된다. 또한 요찰의 투공배치 역시 대성동에서 나오는 요찰과 같다. 그러므로 김해지역에서 특징적으로 출토되는 해당 요찰을 '김해식 요찰(金海式 腰札)'이라고 부르고자 한다. 김해식 요찰은 수결공과 횡결공의 배치가 일반적이지 않아 혁결기법을 파악하기 어렵다.

하지만 최근 보고된 부산 복천동 44호분에서 출토 찰갑에서 김해식 요찰과 같은 형태의 요찰이 출토되었다. 복천동 44호분 출토 찰갑은 가죽의 잔존상태가 양호하여 혁결기법을 파악할 수 있다. 요찰 상위와 중위의 중앙에 각각 1개씩 위치하는 수결공에서는 열 수결이 확인되며, 상위와 중위 양변에 각각 1개씩 배치된 횡결공에서는 횡결 제4기법(X자 횡결)이 관찰된다. 이를 통해 김해에서 확인되는 요찰 역시 열 수결과 횡결 제4기법을 사용한 것으로 추정된다.

복천동 44호분 출토 찰갑에서는 요찰의 혁결기법 외에도 유기질제 상찰의 존재가 확인되었다. 유기질제 상찰의 존재가 확인되면서 Ⅱ식 찰갑 구조에 대한 새로운 모델을 제시할 수 있게 되었다. Ⅱ식 찰갑은 (철제)경찰·(유기질제)동찰·(철제)요찰·(유기질제)상찰로 구성되며, 기존의 통념과는 다르게 상찰이 요찰 아래에 부착되었다. 기존의 출토품에서는 상찰의 존재를 알 수 없었으나 복천동 44호 출토품을 통해 요찰 아래쪽으로 상찰이 외중첩되었음을 알 수 있다. 하지만 유기질제 동찰과 상찰의 소찰형태는 아직 정확히 알 수 없으며, 어떤 혁결기법이 사용되었는지 알 수 없다.

김해의 Ⅱ식 찰갑은 김해식 요찰을 사용한다는 공통점 외에도 모두 좌중첩한다는 공통점을 가지고 있다. 소찰 1매밖에 확인되지 않는 대성동 7호분과 대성동 1호분의 요찰을 제외한 모든 김해 출토 요찰들은 좌우중첩이 좌중첩으로 되어 있다. 요찰이 모두 좌중첩인 것으로 볼 때, 유기질제인 동찰과 상찰 역시 좌중첩으로 제작되었을 가능성이 높다. 대성동 1호분의 요찰은 특이하게도 중앙중첩을 한 것으로 추정된다.

김해에서 출토되는 Ⅱ식 찰갑은 철제 소찰과 유기질제 소찰이 혼용하였으며, 요찰은 김해식 요찰을 사용한다. 그리고 요찰의 제작기법을 볼 때, 동찰·요찰·상찰은 좌우연결을 좌중첩하였으며, 횡결 제4기법을 사용하였다. 그리고 상하연결은 열 수결을 사용하여 외중식으로 제작되었을 것이다.

2. 김해 출토 찰갑의 특징

1) Ⅱ식 찰갑(유기질제 혼용 찰갑)의 지역성

김해에서 출토된 찰갑은 크게 2가지 유형으로 구분할 수 있다. 철제소찰만으로 이루어졌으나 형태상의 공통점을 찾기 어려운 'Ⅰ식 찰갑' 그리고 철제와 유기질제가 혼용되어 사용되었으며, 좌중첩된 김해식 요찰을 사용하는 'Ⅱ식 찰갑(유기질제 혼용 찰갑)'이 그것이다. 이러한 찰갑은 대성동 뿐만 아니라 김해 양동리고분군 107호와 부산 복천동고분군 44호에서도 확인된다. 이러한 Ⅱ식 찰갑은 김해를 중심으로 출토되므로 '김해식 찰갑(金海式 札甲)'으로 보고자 한다.

이러한 김해식 찰갑과는 형태가 조금 다른 Ⅱ식 찰갑이 경주권역에서 확인된다. 경주 구어리 1호와 포항 남성리 Ⅱ지구 17호에서 출토된 Ⅱ식 찰갑은 김해식 찰갑과 조금 다른 형태를 하고 있다(그림 9). 이들 찰갑은 김해식 찰갑처럼 철제소찰과 유기질제 소찰을 함께 사용하는 유기질제 혼용 찰갑이다. 다만, 경주권역 Ⅱ식 찰갑의 요찰은 김해식 요찰과 조금 다른 투공배치를 보인다. 그리고 모든 요찰이 좌중첩되어 있는 김해식과는 달리 중앙중첩 2식을 사용하여 요찰을 혁결하였다. 구어리 1호와 남성리 Ⅱ지구 17호에서 출토된 찰갑의 요찰은 김해식 요찰에서 투공이 2개 더 많다. 소찰의 상위 중앙에 2개의 수결공으로 추정되는 투공이 배치되어 있다. 그 외에 횡결공과 복륜공의 위치는 같으며, 종단면에 곡률이 있는 것도 같다. 횡결공의 배치가 같은 것으로 보아 김해식처럼 횡결제4기법을 사용했을 것으로 추정되며, 수결기법 역시 열 수결을 사용한 것으로 보인다. 다만, 김해식 요찰의 열 수결보다 복잡한 기법을 사용했을 것으로 추정된다. 해당 찰갑 양식은 김해식 찰갑처럼 Ⅱ식 찰갑 형태를 띄지만, 세부적인 요소에서 차이를 보인다. 이러한 찰갑 양식이 경주권역(경주 구어리고분군, 포항 남성리고분군)에서 확인되는 것으로 보아 '경주식'이라 볼 수 있지만, 아직 출토예가 2점밖에 없기 때문에 지역적 특징으로 설정하기 어렵다.

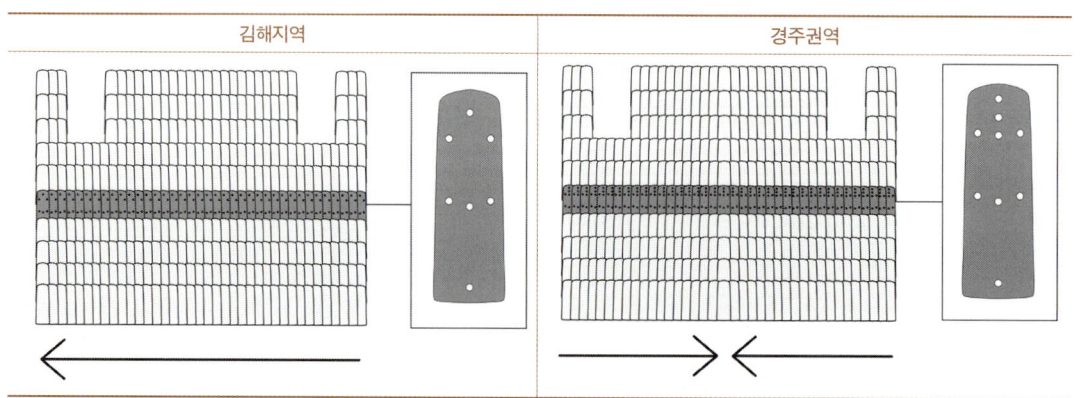

[그림 9] Ⅱ식 찰갑(유기질제 혼용 찰갑)의 지역적 경향성

2) 김해식 찰갑의 구조

김해식 찰갑의 특징은 크게 3가지이며, 이는 김해식 찰갑을 구성하는 요소라고 할 수 있다. 첫 번째, Ⅱ식 찰갑이다. 경찰과 요찰은 철제이며, 동찰과 상찰은 유기질제이다. 두 번째, 김해식 요찰을 사용한다. 철제 요찰의 평면형태는 상원하방형이며, 투공배치는 모두 동일하다. 수결공은 소찰의 상위와 중위 중앙에 1개씩 있으며, 횡결공은 상위와 중위 양변에 각각 1개씩 배치되어 있다. 복륜공은 소찰 최하단 중앙에 1개 있다. 그리고 종단면에 완만한 곡률이 관찰된다. 세 번째, 김해식 요찰은 횡결 제4기법을 사용하여, 좌중첩하였다. 대성동에서 출토된 김해식 요찰에서는 횡결기법의 흔적을 찾을 수 없으나, 김해식 요찰을 사용하는 부산 복천동 44호 요찰에서 횡결의 흔적을 찾을 수 있었다. 횡결 제4기법은 소찰외면에 'X'자 형태의 가죽끈이 보여지고, 내면에는 'ㄷ'자 형태가 나타난다. 주로 경갑에서 많이 보이는 혁결기법이다.

이러한 특징들 중 가장 중요한 요소는 김해식 요찰이다. 김해식 찰갑의 소찰 중 유일하게 정형성을 띄고 있으며, 찰갑의 제작기법을 유추할 수 있는 단서이다. 김해식 요찰의 투공은 크게 수결공, 횡결공으로 나누어 볼 수 있다.[5]

김해식 요찰의 수결공은 소찰 상위과 중위 중앙에 각각 1개씩 총2개가 위치하고 있으며, 전술하였다시피 열 수결기법을 사용하였다. 열 수결에 사용되는 가죽끈은 소찰 상위 수결공의 바깥에서 안으로 들어가게 되며, 다시 중위 수결공의 안에서 밖으로 나가게 된다. 그렇게 나가게 된 가죽끈은 다시 아랫소찰의 상위 수결공으로 들어가게 된다. 김해식 찰갑에서 확인되는 열 수결기법은 이와 같은 과정을 거쳐서 소찰들을 상하연결하게 된다. 수결공이 2개이고, 아래쪽 수결공이 소찰 중위에 위치한다는 요소들에 의해서 김해식 찰갑은 통식(筒式)으로 중첩하여 수납하는 것

---

5 그 외에 복륜공이 소찰 최하단에 1개가 중앙에 배치되어 있다.

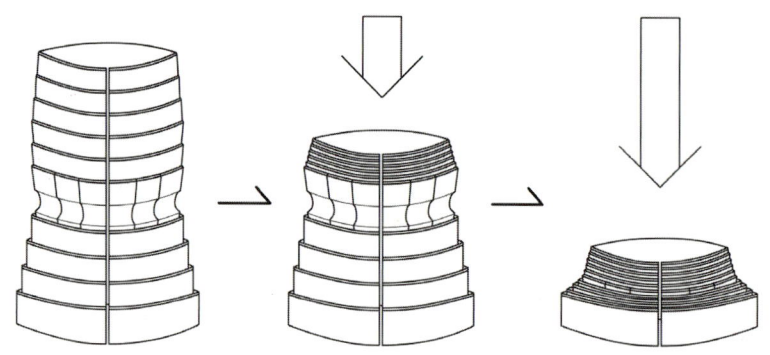

[그림 10] 통식(筒式) 부장방법 모식도

[그림 11] Ⅱ식 찰갑의 평식(平式) 부장방법

이 불가능한 것으로 추정된다. 소찰 중위의 수결공에서 빠져나온 가죽끈이 다시 아랫소찰의 위쪽 수결공으로 들어가게 되면서, 아랫소찰의 윗단이 가죽끈에 걸려 더 이상 위로 올라갈 수 없게 된다. 그러므로 김해식 찰갑은 경주 쪽샘 C10호 출토 찰갑이나, 울산 하삼정 나지구 26호 출토 찰갑처럼 통식(筒式)으로 수납하여 부장하는 것이 불가능하다(그림 10). 때문에 부장공간의 상면에 평평(平平)하게 펼쳐서 부장하게 된다. 이는 김해 대성동 39호, 경주 구어리 1호, 포항 남성리 Ⅱ구역 17호 등에서 확인된다(그림 11).

김해식 요찰의 횡결공은 소찰의 상위와 중위 양변에 각각 1개씩 총 4개가 배치되어 있다. 여타 찰갑소찰에서 확인되는 2공1조의 모습을 하

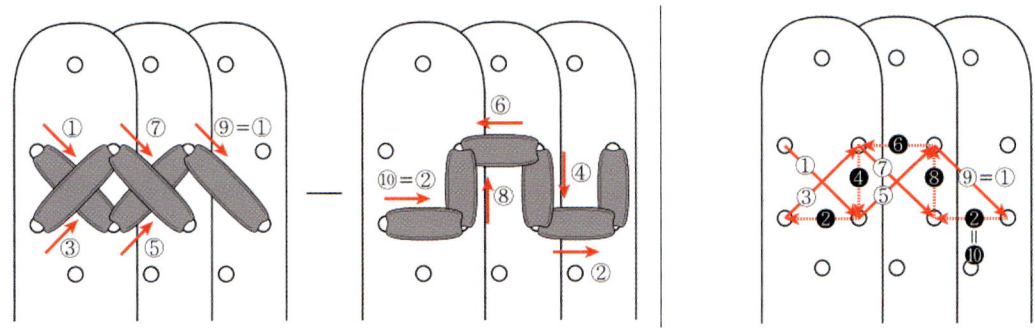

[그림 12] 횡결 제4기법 모식도(김성호 2019)

고 있지 않으며, 각각 1개씩 독립적으로 배치되었다는 것이 특징적이다. 이러한 투공배치는 횡결 제4기법을 사용하기 최적화된 배치이다(그림 12). 일반적으로 횡결 제4기법에서 횡결공이 2공1조로 있을 필요가 없으며, 오히려 서로 떨어져서 배치되는 것이 더 효율적이다. 그러므로 김해식 요찰을 사용하는 모든 찰갑에서는 이러한 횡결 제4기법이 사용되었을 것으로 보인다.

3) 김해식 찰갑의 계통

김해식 찰갑은 김해 대성동 고분군, 김해 양동리 고분군, 부산 복천동 고분군에서 확인된다. 그 중 김해 양동리 Ⅳ지구 1호분에서 출토된 찰갑은 Ⅱ식 찰갑이지만 김해식 요찰을 사용하지 않는다. 김해식 요찰을 사용하지 않을 뿐 요찰에 횡결 제4기법과 유사한 횡결기법이 사용되었으며, 좌중첩으로 연결되어 있다. 양동리 Ⅳ지구 1호분의 요찰은 상원하방형이며, 종단면에 곡률이 있다. 소찰 상위 중앙에 2공1조의 투공이 있으며, 중위에는 2공3조의 투공이 나란히 배치되어 있다. 그리고 최하단에는 복류공이 1개 있다. 양동리 Ⅳ지구 1호분의 시기는 4세기 3/4분기로 김해에서 출토된 Ⅱ식 찰갑 중 가장 시기가 빠르다. 대성동에서 출토된 Ⅱ식 찰갑은 대부분 4세기 4/4분기 혹은 5세기 1/4분기에 해당된다. 그러

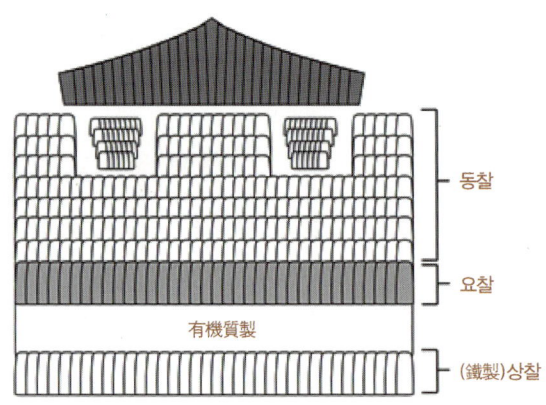

[그림 13] 김해 여래리 Ⅱ지구 40호 찰갑 모식도

므로 양동리 Ⅳ지구 1호분의 찰갑은 대성동의 김해식 찰갑과 유사한 형태를 띄고, 시기적으로 빠른 것으로 보아 김해식 찰갑의 시원형(始原形)으로 볼 수 있다.

김해지역의 찰갑 중 김해 여래리 Ⅱ지구 40호에서 출토된 찰갑은 5세기 1/4분기에 해당하며, 고구려계 기마용 찰갑과 유사하다. 기존 여래리 찰갑은 경갑과 상박갑을 부속갑으로 가지며, 동찰과 요찰 그리고 1단의 상찰로 신갑이 구성되었다고 여겨졌다. 하지만 최근 요찰과 1단짜리 상찰 사이에 유기질제 상찰이 연결되어져 있었다는 연구(김혁중 2019)가 발표되었다. 즉, 김해 여래리 찰갑은 김해식 찰갑과 다른 형태의 유기질제 혼용 찰갑이다(그림 13). 여래리 찰갑은 김해식 찰갑과 다르게 목을 감싸는 경갑과 부속갑이 따로 존재하며, 요찰은 김해식 요찰이 아닌 단면 '〈'자형 요찰이다. 종단면이 한번 꺾인 'V'자 형태로 영남지역에서 유일하게 확인된다. 해당 소찰은 아차산 제4보루에서 출토된 찰갑에서 그 출토예를 찾을 수 있으며, 그 시기는 5세기 후엽에 해당된다. 정확한 선후관계는 향후 검증이 더 필요하지만, 여래리 찰갑이 고구려의 영향을 받았을 가능성이 높다고 여겨진다. 여래리 찰갑은 유기질제 소찰 사용을 전통으로 하는 김해식 찰갑을 바탕으로 하고 있다. 그리고 고구려식 기마용 찰갑의 영향을 받아 새로운 형태의 요찰을 사용하게 되었으며, 경찰은 신갑에 붙어있는 지판이 아닌 독립적인 부속갑으로 사용된다.

김해지역의 찰갑은 대성동의 김해식 찰갑을 중심으로 파악할 수 있다(그림 14). 양동리 Ⅳ지구 1호분 찰갑은 김해식 찰갑의 시원형으로 파악되며, 여래리 Ⅱ지구 40호분 찰갑은 김해식 찰갑이 외부 영향을 받아 변화한 형태로 보인다. 이러한 계통은 유기질제 소찰을 사용한다는 점이 가장 큰 공통점으로 이어지며, 그 외에도 김해식 요찰과 횡결 제4기법이라

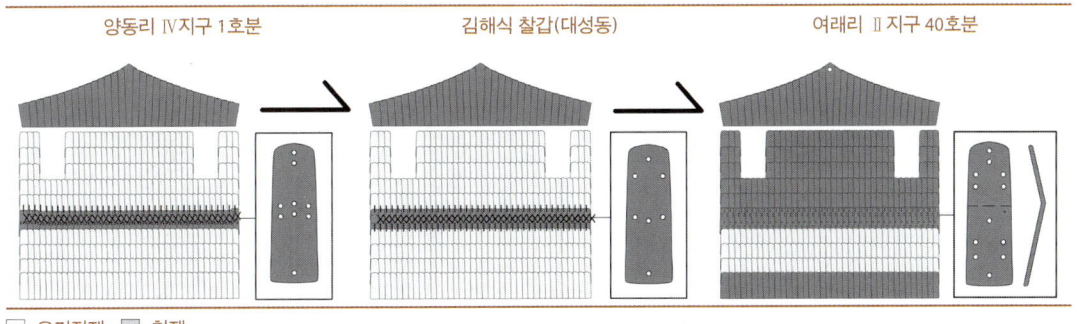

[그림 14] 김해 Ⅱ식 찰갑(유기질제 혼용 찰갑) 변화 모식도

는 요소가 부분적인 공통점으로 볼 수 있다.

양동리 Ⅳ지구 1호분 찰갑은 Ⅱ식 찰갑이며, 횡결 제4기법을 사용하여 요찰을 혁결하였다. 유구는 4세기 3/4분기에 해당하며, 김해에서 출토된 Ⅱ식 찰갑 중 가장 이른시기에 해당한다. 이후 김해 대성동 고분군에서 김해식 찰갑이 집중적으로 출토된다. 대성동 고분군에서 출토되는 Ⅱ식 찰갑은 김해식 요찰을 대부분 사용하였으며, 횡결 제4기법을 이용하였다. 양동리 Ⅳ지구 1호분과 굉장히 흡사한 형태를 띤다. 양동리 Ⅳ지구 1호분 찰갑에 후속하는 형식으로 추측된다. 대성동에서 김해식 찰갑이 출토되는 시기에 양동리 107호분과 부산 복천동 44호분에서도 김해식 찰갑이 출토되는 것으로 보아 대성동 고분군을 중심으로 김해·부산 지역에서 넓게 부장된 것으로 보인다. 이후 5세기 1/4분기에 접어들면서 김해지역에 고구려식 기마용 찰갑의 영향을 받은 찰갑이 부장되기 시작한다. 대성동 90호분에서는 'S'자형 요찰이 출토되며, 김해 여래리 Ⅱ지구 40호분에서는 '〈'자형 요찰이 확인된다. 여래리 Ⅱ지구 40호분 찰갑은 고구려계 요찰과 유기질제 상찰을 동시에 사용하는 모습을 보인다. 이는 김해식 찰갑의 유기질제 소찰을 사용하는 요소와 고구려계 기마용찰갑의 요소가 혼용된 것으로 파악된다.

Ⅳ. 결론

김해 대성동 고분군에서 출토된 찰갑은 크게 2가지 유형으로 구분할 수 있다. Ⅰ식 찰갑은 소찰 전체가 철제로 이루어져있다는 점을 제외하고는 큰 공통점을 가지지 않는다. Ⅱ식 찰갑은 '김해식 찰갑'이라고 부를 수 있을 정도로 강한 지역성을 나타낸다. 김해식 찰갑은 유기질제 혼용 찰갑으로 경찰과 요찰은 철제이며, 동찰과 상찰은 유기질제이다. 요찰은 김해식 요찰을 사용하고 있으며, 횡결 제4기법을 사용한다. 그리고 Ⅱ식 찰갑은 양동리-대성동-여래리로 변화하는 양상을 확인할 수 있으며, 대성동 고분군의 찰갑은 그 변화의 중심에 있다.

본고를 통해서 대성동 고분군의 찰갑의 구조와 특징에 대해서 알아보았으나, 이는 단순히 찰갑의 생김새와 변화양상에 대해서 설명했을 뿐, 각 소찰의 기능이나 변화의 원인에 대해서는 자세하게 설명할 수 없었다. 특히, 요찰은 동찰과 상찰에 비해 형태가 특이하여 찰갑계통연구에 중요한 자료로 사용되었으나, 정확한 기능을 알지 못했다. 앞으로 다양한 자료추가를 통해 찰갑의 변화원인과 소찰들의 기능에 대한 연구가 진행되어, 보다 정확한 찰갑 복원 연구가 진행되었으면 한다.

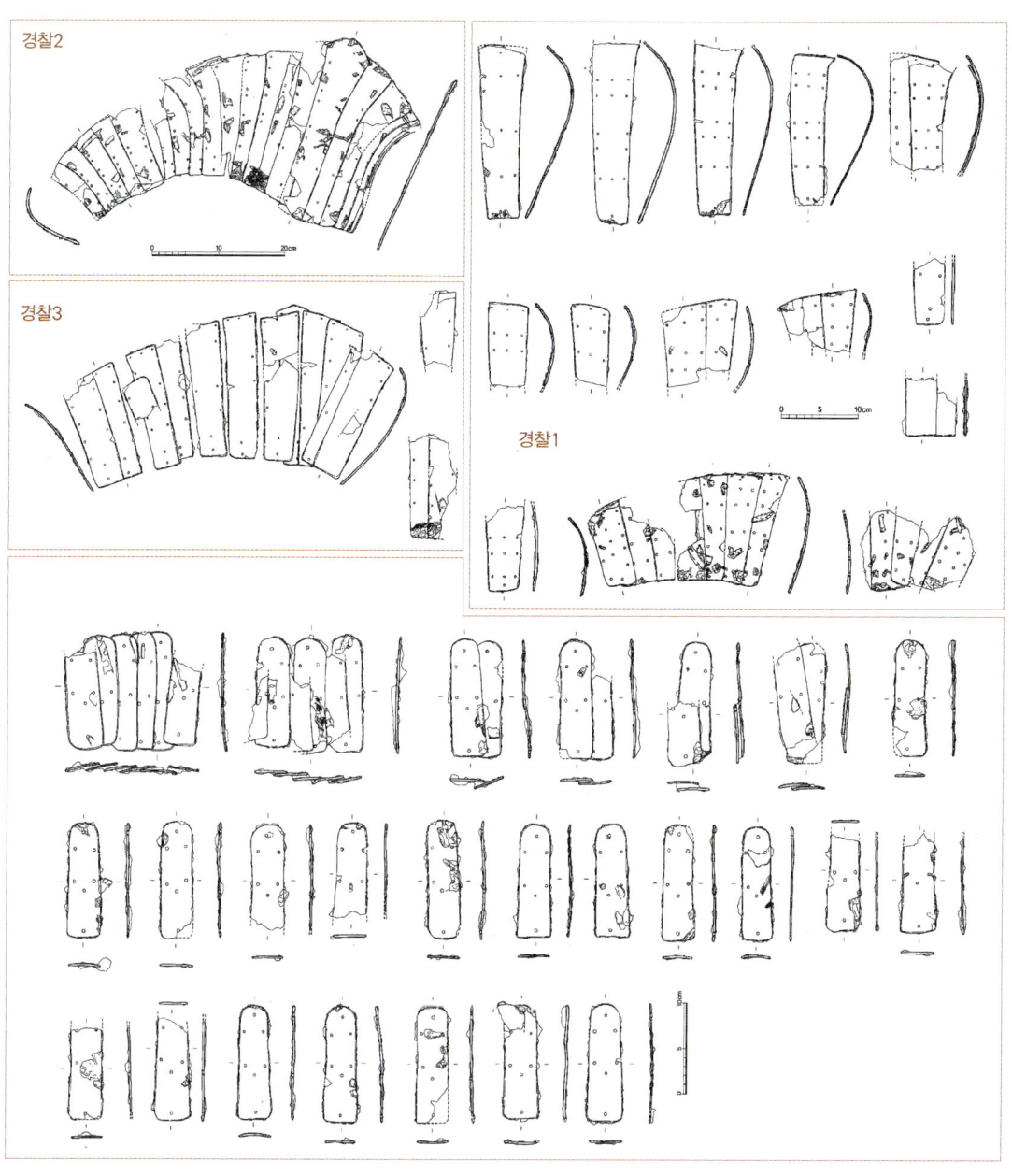

[그림 15] 김해 대성동 1호분 출토 찰갑

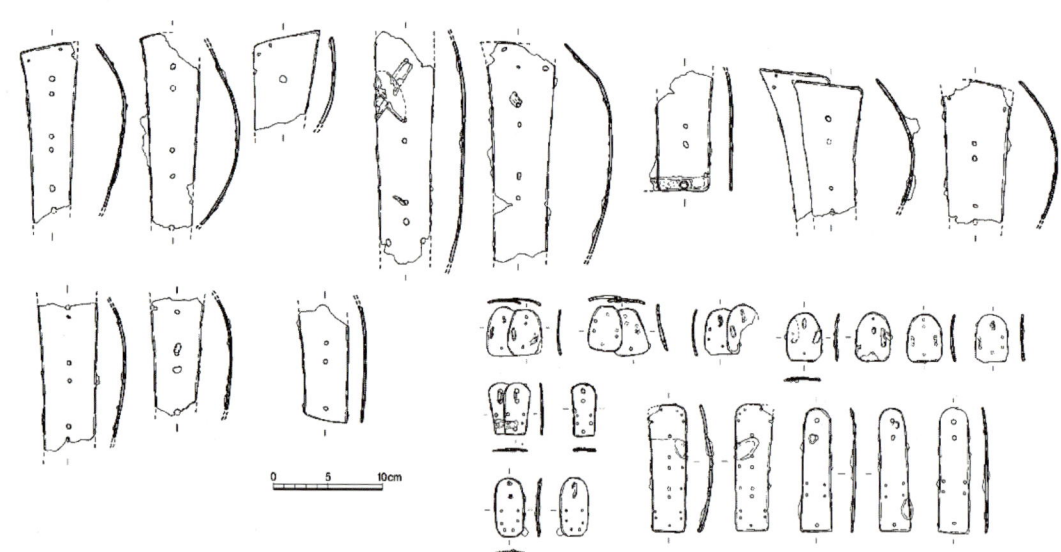

[그림 16] 김해 대성동 2호 출토 찰갑

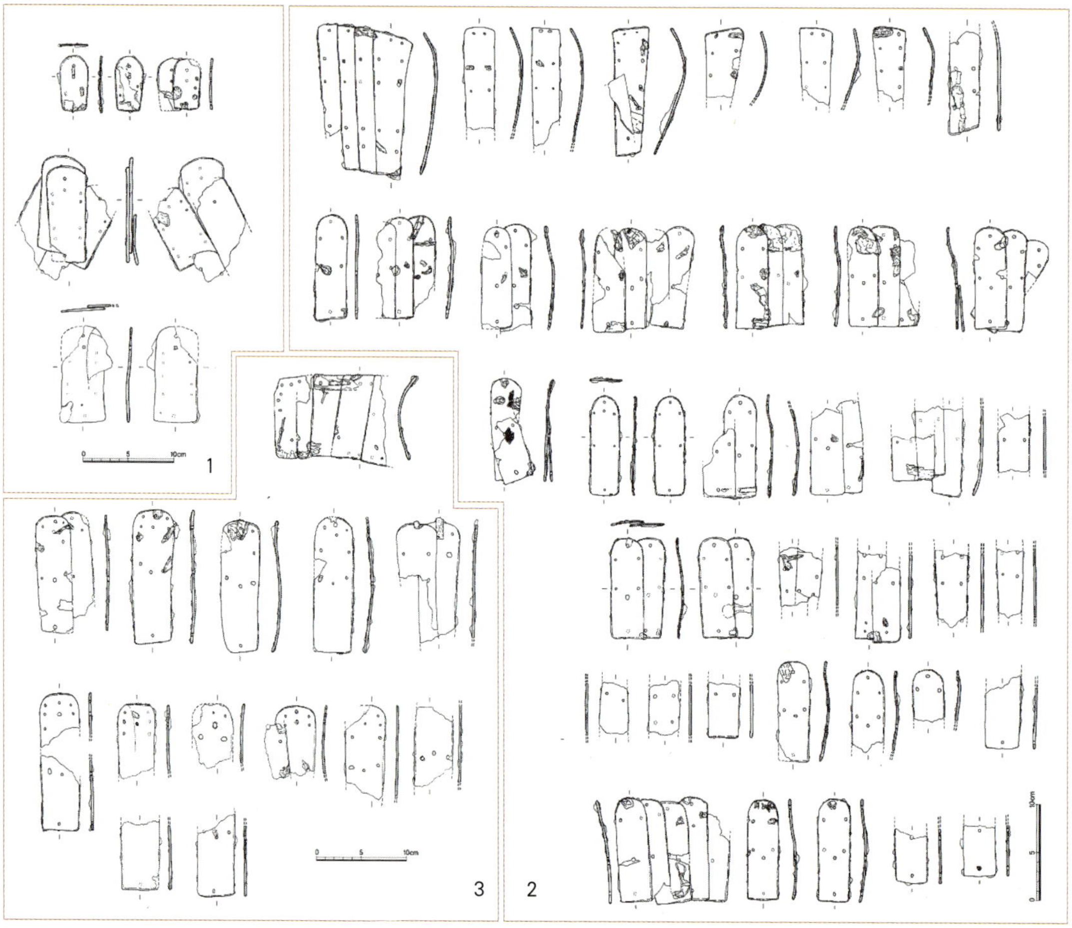

[그림 17] 김해 대성동 3호 출토 찰갑
1. 김해 대성동 3호 주곽 출토 소찰, 2. 김해 대성동 3호 부곽 경갑·도련찰 A, 3. 김해 대성동 3호 부곽 경갑·도련찰 B

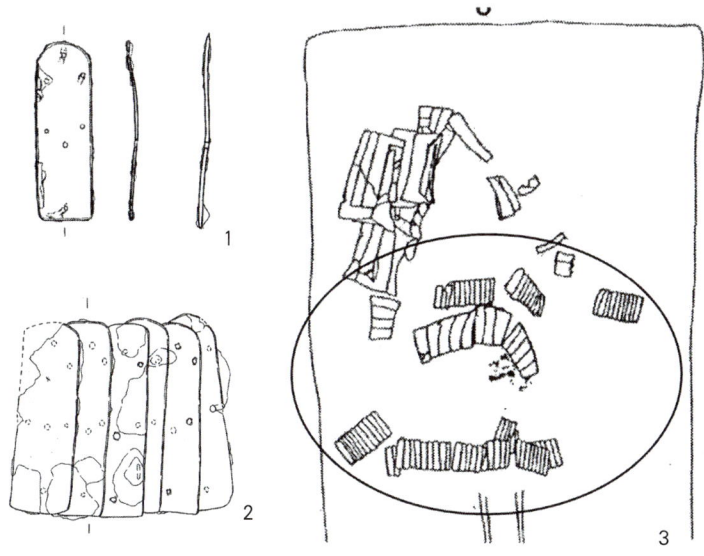

[그림 18] 김해 대성동 7호·39호·57호 출토 소찰
1. 김해 대성동 7호 출토 도련찰, 2. 김해 대성동 57호 출토 도련찰, 3. 김해 대성동 39호 찰갑 출토상황

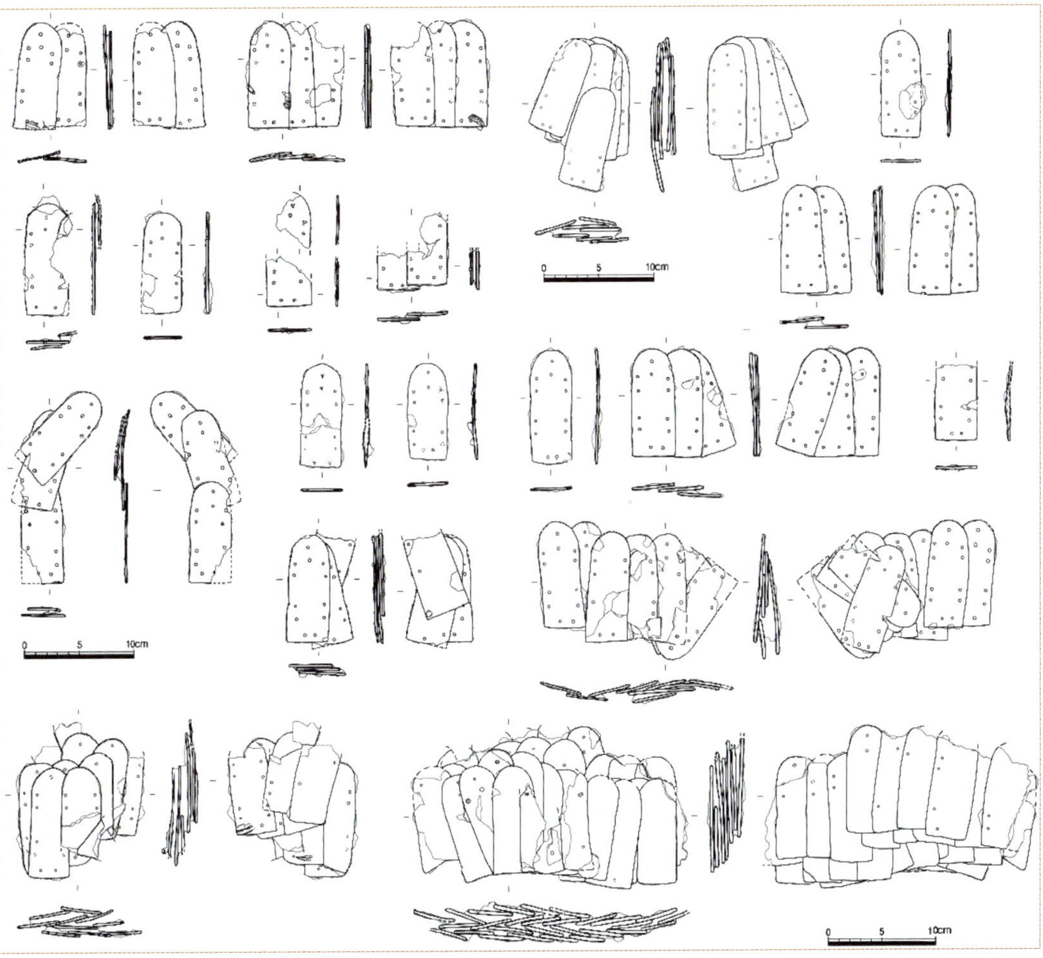

[그림 19] 김해 대성동 68호 출토 찰갑

1 대성동 고분군 출토 찰갑의 구조와 특징　37

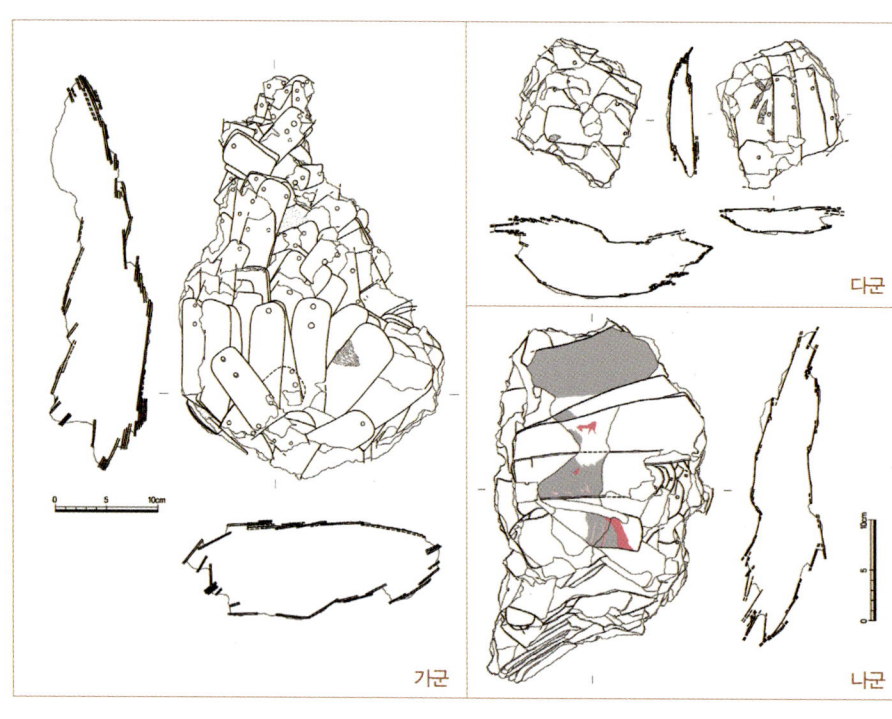

[그림 20] 김해 대성동 70호 (주곽) 출토 찰갑

38 가야의 비늘 갑옷

[그림 21] 김해 대성동 90호 출토 찰갑

[그림 22] 김해 대성동 93호 출토 찰갑

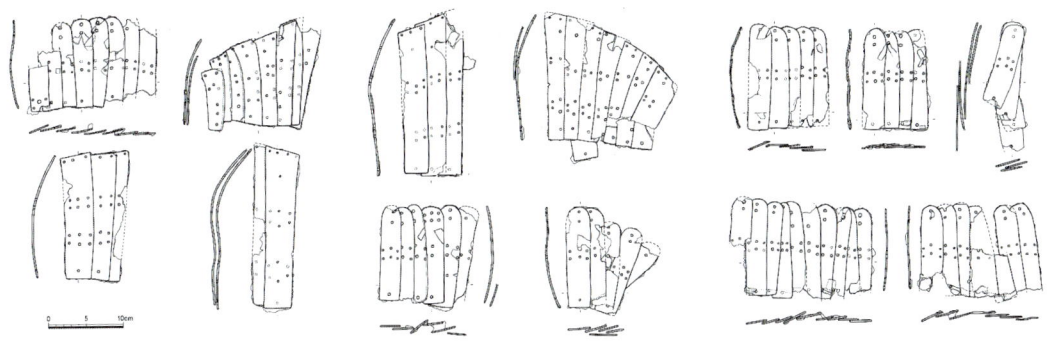

[그림 23] 김해 양동리 Ⅳ지구 1호 출토 찰갑

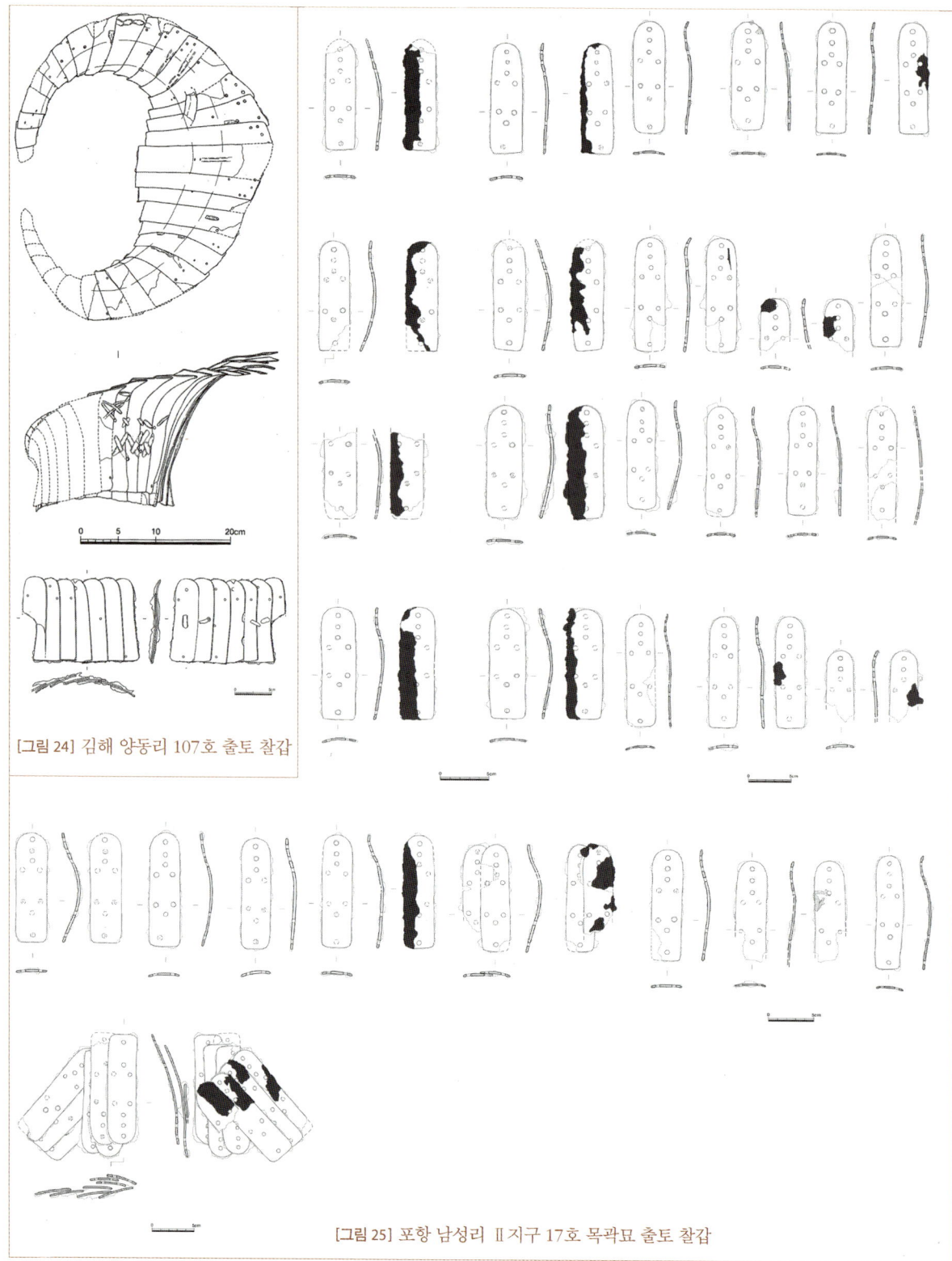

[그림 24] 김해 양동리 107호 출토 찰갑

[그림 25] 포항 남성리 Ⅱ지구 17호 목곽묘 출토 찰갑

40　가야의 비늘 갑옷

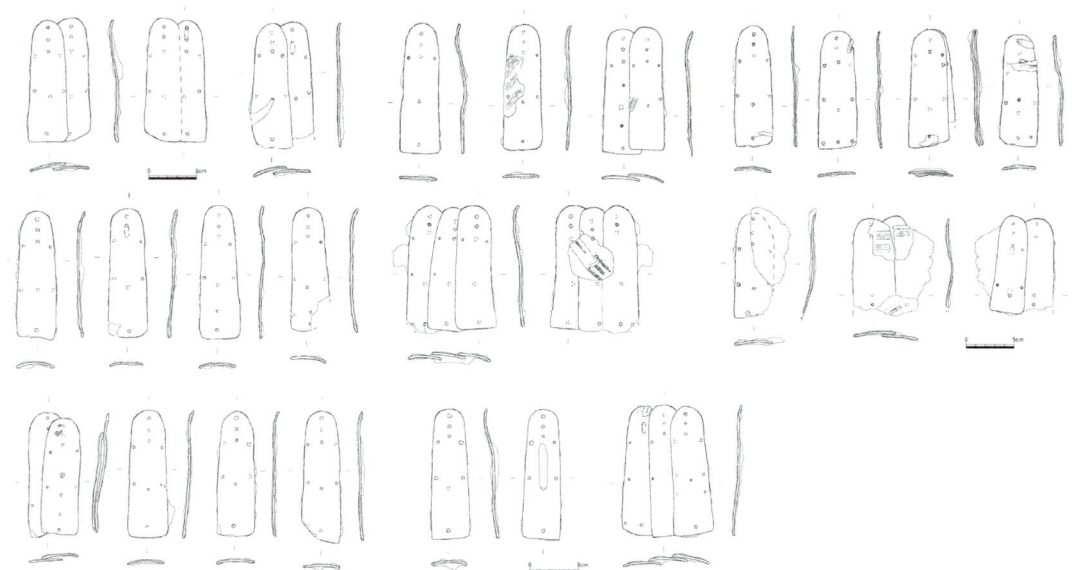

[그림 26] 경주 구어리 1호 출토 요찰

참고문헌

1. 논문

김두철, 2014, 「신라·가야의 경계로서의 경주와 부산」, 『신라와 가야의 경계』, 영남고고학회 제23회 정기학술발표회.

김성호, 2019, 「삼국시대 마갑 연구」, 부산대학교 대학원 석사학위논문.

김성호, 2019, 「2. 복천동 44호분 출토 찰갑의 구조와 특징」, 『복천동 고분군XI-44·48호분』, 부산대학교박물관

김영민, 1995, 「영남지역 판갑에 대한 일고찰」, 『고문화』46

김은주, 1995, 「경산 조영ⅠB-60호묘 출토 찰갑 재보고」, 『천마고고학총』.

김재우, 2010, 「금관가야의 갑주」, 『대성동고분군과 동아세아』, 대성동고분군 발굴 20주년 기념.

김재휘, 2019, 「삼국시대 영남지역 상반신찰갑 연구」, 부산대학교 대학원 석사학위논문.

김재휘, 2021, 「김해식 찰갑의 구조와 특징」, 『영남고고학보』89.

김혁중, 2014, 「고대한일 찰갑의 교류-Ω자형 요찰과 부속갑」, 『한일교섭의 고고학』.

김혁중, 2011, 「경주 구어리 1·2호 출토 갑주에 관한 고찰」, 『경주 구어리 고분Ⅱ』, 영남문화재연구원.

김혁중, 2014, 「고대한일 찰갑의 교류-Ω자형 요찰과 부속갑」, 『한일교섭의 고고학』.

김혁중, 2015, 「중국 중원·동북지방 갑주로 본 영남지방 갑주문화의 전개 과정과 특징」, 『영남고고학』72.

김혁중, 2019, 「삼국시대 영남지방 유기질제 혼용찰갑의 기술계통과 특징」, 『영남고고학』83.

송계현, 1988, 『삼국시대 철제갑주의 연구-영남지역 출토품을 중심으로-』, 경북대학교 석사학위논문.

송계현, 2001, 「4~5세기 동아시아의 갑주」, 『제7회 가야사국제학술회의』 발표문,

송정식·김재윤·이유진, 2008, 「고대 유기질제 갑옷과 철제 판갑의 상관성 연구」, 『동북아 문화연구』제16집.

송정식, 2010, 「동북아시아 찰갑의 기술계통 연구 -4세기대 영남지역 찰갑 고찰을 위한 시론-」, 『야외고고학』9.

우순희, 2001, 「Ⅳ고찰-3. 甲冑자료에 대한 검토」, 『동래 복천동 학소대고분』, 부산대학교박물관.

이유경, 2010, 『고구려 찰갑에 대한 연구』, 고려대학교 대학원 석사학위논문.

이현주, 2008, 「삼국시대의 갑주」, 『한국과 일본의 무구』, 西都原考古博物館.

장경숙, 2001, 「경갑에 대한 소고」, 『과기고고연구』7호.

황수진, 2011, 「삼국시대 영남 출토 찰갑의 연구」, 『한국고고학보』78.

2. 보고서·도록·단행본

경성대학교박물관, 1989, 『김해 칠산동 고분군Ⅰ - 제Ⅲ지구의 발굴조사-』.
경성대학교박물관, 2000, 『김해 대성동 고분군Ⅰ - 개보』.
경성대학교박물관, 2000, 『김해 대성동 고분군Ⅱ - 13·18·29호분』.
경성대학교박물관, 2003, 『김해 대성동 고분군Ⅲ - 전시관부지의 발굴조사 및 47·52
            호분』.
경성대학교박물관, 2010, 『김해 대성동 고분군Ⅳ - 1~3호분-』.
국립김해박물관, 2012, 『김해 양동리 유적』.
국립김해박물관, 2015, 『갑주, 전사의 상징』전시도록.
대성동고분박물관, 2011, 『김해 대성동 고분군 -68호분~72호분-』.
대성동고분박물관, 2013, 『김해 대성동 고분군 -73호분~84호분-』.
대성동고분박물관, 2015, 『김해 대성동 고분군 -85호분~91호분-』.
대성동고분박물관, 2017, 『김해 대성동 고분군 -추가보고 및 종합고찰-』.
동의대학교박물관, 2000, 『김해 양동리 고분문화』.
복천박물관, 2010, 『한국의 고대갑주』.
부산대학교박물관, 1982, 『동래 복천동 고분군Ⅰ』.
부산대학교박물관, 1990, 『동래 복천동 고분군Ⅱ』.
부산대학교박물관, 2019, 『복천동 고분군Ⅺ -44·48호분-』.
세종문화재연구원, 2019, 『포항 남성리 고분군』.
영남문화재연구원, 2011, 『경주 구어리 고분군Ⅱ -목곽묘-』.
한국문화재보호재단, 2014, 『김해 본산리·여래리 유적Ⅱ·Ⅲ』.
한국문화재재단, 2014, 『울산 하삼정 고분군Ⅶ』.

「대성동 고분군 출토 찰갑의 구조와 특징」에 대한 토론문

장상갑 의병박물관

찰갑은 가죽끈으로 소찰을 엮어 유동성을 확보하여 실전에서 중장기마전술을 구사할 수 있는 갑옷으로 인식되고 있다. 철제 갑주의 출현은 4세기대에 들어서 가야 정치체의 성장과 함께 김해 대성동 고분군을 비롯한 영남의 주요 고분에서 확인된다. 또한 유기질제 갑주와 비교되는 철제 갑주의 방어력 증대는 공격용 무기의 기능 개량과 상호 연동하여 가야의 무장체계가 한 단계 도약하는 계기가 되었다. 특히 찰갑은 기승용 마구의 도입과 함께 실용적인 갑주로서 여러 연구자가 일찍부터 주목하였다.

더욱이 최근에는 양호한 상태의 출현기 찰갑이 확인되면서 면밀한 관찰을 통하여 구조 복원이 시도되고 있다. 이번 발표 역시 금관가야의 중심묘역에서 출토된 찰갑의 구조적인 특징을 규명한 최신의 연구 성과이다. 특히 철제 경찰과 요찰이 유기질제 소찰과 혼용된 Ⅱ식 찰갑 가운데 김해지역에서 공통성을 보이는 형식은 주목할 만 하다. 자료적 제약에도 불구하고 다양한 형태의 소찰로 구성된 찰갑의 구조를 복원한 발표자의 연구는 가야 무장의 거시적인 변화에 치중하였던 토론자에게 많은 도움이 된다. 가야 찰갑에 대한 보다 완성된 연구를 위하여 약간의 질문으로 토론자의 소임을 다하고자 한다.

1. 4세기대 찰갑의 요찰과 관련하여 발표자가 전고에서 주목한 '도련찰'에 대한 보충 설명을 먼저 부탁드린다. 5세기대 전형적인 찰갑의 요

찰과 대비되는 4세기대 완만한 곡률의 요찰을 도련찰로 파악하여 상반신찰갑의 구조를 복원한 연구는 참신한 의미를 가졌다고 생각된다. 다만, 유기질제 상찰의 존재 가능성이 제기된 부산 복천동 44호분 출토 찰갑을 염두에 두었는지, 이번 발표에서는 전고의 견해와 차이를 보이고 있다. 잔존상태가 양호하지 못한 자료적 한계로 인해 아직 4세기대 찰갑에 대한 복원이 안정적이지 않은 상태에서 이에 대한 활발한 논의는 여전히 유효하다. Ⅱ식 찰갑 가운데 유기질제 동찰이나 상찰의 존재를 일반화시킬 수 있는지 발표자의 견해를 듣고 싶다.

2. 발표자가 대성동 고분군 출토 찰갑을 통해 주목한 '김해식 요찰'로 설정한 소찰의 투공 구조에 대해 설명이 필요할 것으로 보인다. 소찰의 상단에 2공1조의 수결공을 가지는 일반적인 요찰에 비해 김해식 요찰은 상위와 중위에 수결공이 하나씩 떨어져 있다. 대성동 고분군의 Ⅱ식 찰갑에서 공통되는 구조로 열 수결로 상하를 연결하여 외중식으로 제작된 것으로 파악하였다. 유기질제로 제작된 동찰과 상찰의 형태가 명확하지 않아 상하 연결기법 복원에 한계가 있으나, 상단에 2공1조의 수결공이 있는 양동리 Ⅳ지구 1호분, 여래리 Ⅱ지구 40호분 요찰과는 차이가 있으며, 동시기 경주지역의 Ⅱ식 찰갑과도 다른 구조이다. 유기질제 동찰이나 상찰과의 연결기법은 어떠하였는지? 상하의 유동성 확보는 가능한지? 보충 설명을 부탁드린다.

3. 이번 발표에서 주목한 김해식 찰갑을 비롯한 Ⅱ식 찰갑의 구조를 조금 더 구체적으로 살펴보았으면 한다. 유기질제 동찰은 수결기법으로 상하 유동성이 확보된 구조인지, 아니면 소찰의 상하는 어떻게 연결되었는지, 어떠한 모습의 동체 구조를 하였는지 궁금하다. 현재까지 비교적 양호한 상태로 출토된 Ⅱ식 찰갑은 바닥에 펼쳐진 상태로 철제의 경찰과 요찰이 잔존하고 있다. 다른 Ⅰ식 찰갑은 횡결된 소찰단이 상하로 누중

되어 수착된 상태로 출토되는데 Ⅱ식 찰갑의 동찰은 수결로 제작된 Ⅰ식 찰갑과 다른 구조일 가능성은 없는지? 발표자가 설정한 Ⅰ식과 Ⅱ식 찰갑의 구조적 차이에 대한 설명을 부탁드린다.

4. 마지막으로 대성동 고분군을 중심으로 지역성을 보이는 Ⅱ식 찰갑 가운데 발표자가 설정한 김해식 찰갑의 계통문제이다. 김해식 찰갑은 양동리 Ⅳ지구 1호분 출토 찰갑을 시원형으로 4세기 4/4분기 이후에 정형화되는 양상이다. 5세기대 이후의 고구려계 기마용 찰갑과 대비되는 재지의 토착계 찰갑으로 이해된다. 다만, 부산 복천동 38호분 출토품을 비롯한 영남지역 출현기의 찰갑과 비교하여 김해식 찰갑의 계통을 명확히 할 필요가 있다. 재지의 유기질제 찰갑에 철제의 경찰과 요찰이 채용된 것인지? 아니면 새롭게 도입된 Ⅰ식 찰갑의 경량화 혹은 다른 기능적인 이유로 동찰이 유기질제로 전환되었는지? 그리고 이러한 찰갑이 김해를 중심으로 가야지역에서 어떠한 변화를 반영하는지 접근해 볼 필요가 있다.

2

동래 복천동고분군 출토 찰갑의 3D 구조복원

김성호 부산대학교 박물관

I. 머리말
II. 찰갑 제작기법과 구조복원의 방법·가설설정
　1. 제작기법과 부장양상
　2. 구조복원의 방법과 가설설정
III. 4세기대 찰갑의 구조와 특징
　1. 구조복원
　2. 특징
IV. 5세기대 찰갑의 구조와 특징
　1. 구조복원
　2. 특징
V. 맺음말

I. 머리말

　　삼국시대의 가장 널리 사용되었던 갑옷인 찰갑(札甲)은 수백 매의 소찰(小札)을 좌우, 상하로 연결하여 만들어진다. 각 소찰의 두께는 1~2㎜로 매우 얇지만 일정 간격으로 중첩되기 때문에 두께에 비해 방어력이 뛰어나다. 판갑을 구성하는 지판과는 달리 찰갑은 비교적 크기가 작은 소찰들을 연결하여 제작되기 때문에 구조적으로 유연하며 소찰 간 유동성도 있어 활동성도 좋은 갑옷으로 평가할 수 있다. 소찰 간 유동성은 방어력 향상에도 도움을 주는데, 무기로부터의 충격이 소찰 간 유동성을 통해 흡수되기 때문이다.

　　찰갑은 제작과 유지·보수의 관점에서 보아도 매우 뛰어난 갑옷이다. 판갑의 경우 각 부위별로 지판의 곡률을 맞추어야하는 등 제작이 비교적 까다롭다. 또 전동부 지판이 후동부 지판으로 대체될 수 없는 등 유지·보수도 쉽지 않다. 반면 찰갑은 동일한 형태의 대체로 곡률이 없는 소찰을 수십, 수백 매 사용하기 때문에 제작 난이도가 높지 않다. 소찰들을 연결하는 작업도 병(鋲)을 사용하여 리벳(Rivet)하는 판갑과는 달리 매우 간단하다. 이 때문에 유지·보수도 판갑에 비해 용이하다.

　　한반도에서는 기원전부터 찰갑이 확인되기 시작하지만 본격적으로 철제 찰갑이 사용되는 것은 삼국시대부터이다. 특히 영남지역의 고분을 중심으로 다수가 출토되었다. 출토 사례가 많은 만큼 연구 또한 활발히 이루어지고 있다.[1] 다만 수백 매의 소찰들을 연결하여 완성하는 구조적 특징 때문에 출토상태가 양호하지 못한 자료들은 찰갑 연구에 많은 어려움을 주고 있다. 이러한 한계점을 해결하기 위해 최근 쪽샘 C10호묘 출

1　영남지역 찰갑을 집성하여 연구한 최근의 연구로는 황수진(2011), 김혁중(2018), 김재휘(2019)의 논고가 대표적이다.

토 찰갑 등 출토상태가 양호한 자료들의 복원이 지속적으로 이루어지고 있다. 이번 학술대회 역시 찰갑 복원을 위한 자리인 것으로 생각된다.

본 발표에서는 찰갑 복원을 위한 일환으로 동래 복천동고분군에서 출토된 찰갑의 구조복원을 시도하였다. 현재까지 보고된 자료를 중심으로 소찰과 출토상태 등을 검토하였고 이를 토대로 전개모식도를 제시하였다. 전개도 작성 후 찰갑의 구조를 쉽게 이해하기 위하여 3D모델링을 실시하였다.

II. 찰갑 제작기법과 구조복원의 방법·가설설정

1. 제작기법과 부장양상

찰갑은 수백 매의 소찰들이 상하, 좌우로 연결되어 완성된다. 연결은 유기질제 끈으로 이루어진다.[2] 끈을 연결하기 위하여 소찰의 가장자리 혹은 중앙에 여러 개의 구멍을 뚫는데 이를 '투공(透孔)'이라고 한다. 투공은 용도에 따라 분류할 수 있다. 상하를 연결하는 데에 사용하는 투공은 '수결공(垂結孔)', 좌우를 연결하는 데에 사용하는 투공은 '횡결공(橫結孔)', 좌우를 연결하며 소찰 가장자리를 감싸는 투공은 '고정·복륜공(固定·覆輪孔)'이라 한다. 찰갑의 경우 일반적으로 수결공은 소찰 상위 중앙에 1열 혹은 좌·우변을 따라 2열로 배치되고, 횡결공은 소찰 좌·우변을 따라 1단 혹은 2단으로 배치된다. 본고에서는 투공을 기능별로 〈표 1〉과 같이 표시하여 구분한다.

소찰은 좌우와 상하로 중첩시켜 연결한다. 좌우로는 횡결공을 겹쳐

---

2 일반적으로 가죽 끈이 많이 사용되며, 직물을 꼰 끈을 사용하기도 한다.

연결한다. 투공이 겹쳐지므로, 소찰 좌우간 유동성은 없다. 좌우 연결시, 좌측의 소찰이 우측의 소찰 위로 연결되는 경우 좌중첩(左重疊), 반대로 우측의 소찰이 위로 연결되는 경우 우중첩(右重疊)이라 한다. 또 기준이 되는 소찰을 중심으로 좌우 대칭되게 중첩되는 방식이 있다. 기준이 되는 소찰이 가장 위로 중첩되는 것은 중앙상중첩(中央上重疊), 반대의 경우 중앙하중첩(中央下重疊)이라 한다. 상하 연결 시, 하단의 소찰 단이 상단 위로 중첩되는 경우 외중첩(外重疊)된다고 하며, 외중식(外重式) 찰갑이라고도 한다. 반대의 경우는 내중첩(內重疊)된다고 하며 내중식(內重式) 찰갑이라고 한다(그림 1).

소찰의 연결 순서를 살펴보면, 먼저 소찰들을 좌우로 연결하여 소찰 단(段)을 만들고 이를 상하로 연결한다. 소찰을 좌우로 연결하는 데 사용되는 연결기법은 횡결기법, 소찰 단을 상하로 연결하는 데에 사용되는

[표 1] 기능별 투공의 구분

투공	명칭	기능
●	수결공	상하 연결
◉	횡결공	좌우 연결
○	고정 · 복륜공	좌우 연결 · 복륜

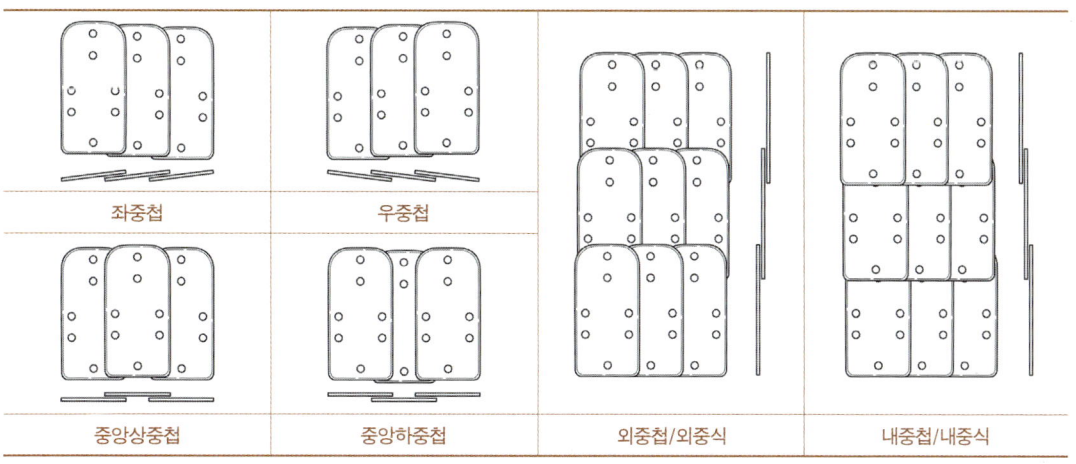

[그림 1] 소찰의 중첩방식

연결기법은 수결기법이라 한다. 횡결기법의 경우 소찰 내면에 연결 끈이 'N/Ⅱ'자상이나 'ㄇ/ㄩ'자상이 되도록 연결되는데, 전자는 횡결1기법, 후자는 횡결2기법으로 분류한다(釜山大學校博物館 1990: 28)(그림 2). 단 두 연결기법상의 기능차이는 존재하지 않는다(김성호 2019a: 32).

수결기법의 경우 소찰의 상·하단 중첩방식, 수결공의 배치와 이에 따른 수결기법의 차이에 의해 크게 세 가지로 분류된다(김성호 2019b: 239-240). 연결원리(연결방향 및 단위)에 따라 열(列) 수결, 열단(列段) 수결, 단(段) 수결로 나눌 수 있는데, 각각은 기존 연구(淸水和明 1996)의 통단위(通段綴), 철부위(綴付綴), 각단위(各段綴)에 해당한다. 각 수결기법은 다시 투공을 관통하는 횟수나 순서에 따라 세분되지만, 연결원리는 같으므로 세

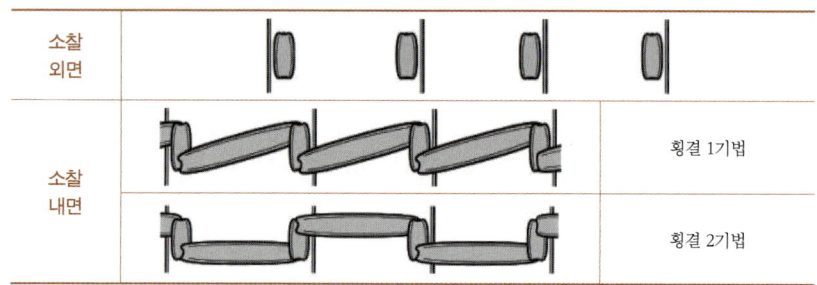

[그림 2] 찰갑의 횡결기법(김성호 2019a: 31 인용)

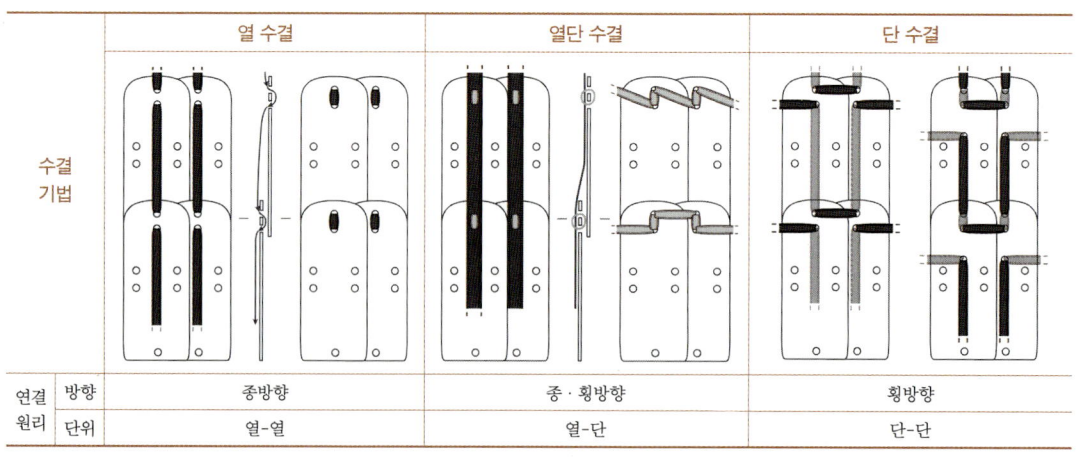

[그림 3] 찰갑의 수결기법

[그림 4] 찰갑의 부장유형

분하지 않는다(그림 3).

　찰갑의 부장방식을 살펴보면, 외중식 찰갑의 경우 소찰 단이 상하로 중첩되기 때문에 중첩식 부장(그림 4-1)이 가능하다. 중첩식 부장이 된 찰갑은 연결 끈이 썩어 없어지더라도 그 형태를 유지하는 경우가 대부분이다. 비교적 원래의 구조를 추정하기 쉽다. 또 유구 바닥 등에 펼쳐 부장하는 경우도 있다. 이를 전개식 부장이라 할 수 있다(그림 4-2). 전개식으로 부장될 경우 교란만 없다면 찰갑의 구조를 쉽게 확인할 수 있다. 이외에 찰갑을 말아서 부장하는 등의 방식도 있다. 부장방식에 따라 출토상태가 달라져 구조를 해석하는 관점이 달라진다. 개폐위치나 찰갑 중첩방식 등의 파악에 있어도 중요하다. 찰갑 구조 복원을 시도함에 있어 반드시 파악되어야 하는 것이 부장방식이라 할 수 있다.

2. 구조복원의 방법과 가설설정

찰갑의 구조복원에서 가장 중요한 정보 중 하나가 출토상태이다. 본고에서도 이 출토상태를 상세히 관찰하여 복원을 시도하였다. 단 찰갑은 구조적 특징상 출토상태가 양호하지 못한 사례가 많다. 이 경우 출토상태에서 얻을 수 있는 정보와 소찰구성, 연결기법, 다른 자료와의 비교 검토를 통하여 복원을 시도하였다. 구조복원의 방법을 세부적으로 살펴보면 아래와 같다.

먼저 출토된 소찰을 분류하여 소찰구성을 파악하였다. 소찰은 평면형태와 투공배치, 크기, 단면형태 등을 통해 분류가 가능하다. 평면형태, 투공배치, 크기가 같은 소찰은 좌우, 상하로 연결될 가능성이 높고 따라서 동일한 부위에 사용되었을 것으로 판단할 수 있다. 또 형식별 소찰들의 출토위치와 수량을 파악하면 세부 구조를 추정할 수 있다. 따라서 소찰 분류는 찰갑 구조복원에 있어 가장 선행되어야 하는 작업이라 할 수 있다.

다음 소찰들을 연결한 연결기법을 검토하였다. 찰갑은 수백 매의 소찰로 이루어지므로 이를 연결하는 연결기법은 찰갑 제작의 핵심적 속성이라 할 수 있다. 즉 찰갑 구조 및 기술계통 파악에 유용한 정보를 제공할 수 있다. 마지막으로 출토상태를 분석하여 형식별 소찰의 위치를 파악한다. 각 단의 소찰 열수와 소찰 단수를 검토하고 구조복원을 시도한다.

그런데 출토상태가 양호하지 못한 경우 소찰 구성과 연결기법만으로는 전체 구조를 복원하기 어렵다. 이 경우 기존 복원 사례와 다른 자료들을 참고하여 복원하였다. 특히 찰갑의 둘레와 길이를 알 수 있다면 소찰의 열수와 소찰 단수를 파악할 수 있어 출토상태가 좋지 않은 자료의 복원도 시도할 수 있다. 이와 관련하여 주목해야할 연구가 있다.

송정식(2012)은 예안리고분군에서 출토된 남성 인골의 평균 신장이 164.1~164.4cm이고 1979년 한국 20대 남성의 평균 신장이 167.7cm(한국과학기술연구소 1979)이므로, 고대인과 1979년 한국 20대 남성의 신체 사이즈를 유사한 것으로 판단하였다. 1979년 한국 20대 남성의 가슴둘레 평균이 89cm이며 갑옷 내에 입는 속옷 등을 고려, 대략 109cm가 판갑의 둘레라고 보았다. 복천동고분군 출토 종장판갑의 둘레 평균이 100.27cm이며(송정식 2012), 복천동 21·22호묘에서 출토된 소찰들을 나열하였을 때 길이가 약 106cm이므로 당시 복천동 고분군의 갑옷 둘레는 대체로 100~110cm내외였을 것으로 보인다.

소찰 단수와 찰갑의 길이 추정에는 종장판갑의 사례를 참고한다. 복천동고분군에서 출토된 판갑의 길이는 〈표 2〉와 같다. 복천동 4호묘 출토 판갑의 전동 길이와 복천동 10·11호묘 출토 판갑의 후동 길이[3]를 제외한다면 대체로 유사한 크기이다. 두 수치를 제외하고 평균 값을 계산하였을 때, 전동 길이는 41.4cm, 후동 길이는 46.9cm, 협부 길이는 26.1cm

[표 2] 복천동고분군 출토 판갑의 높이(cm)

크기	4호묘	10·11호묘	46호묘	57호묘	71호묘-a	71호묘-b
전동 길이	35.1	41.4	41.8	40.6	42.4	40.9
후동 길이	46.3	51.7	(44.7)	46.2	48.7	46.3
협부 길이	23.0	25.4	26.4	24.0	28.3	29.2

....
3   도련판에서부터 뒷길판까지의 높이이다. 고대판(후경판)은 목부위에 가까우므로 계측에서 제외하였다.

이다.

찰갑이든 판갑이든 기본적으로 의복의 일종(송계현 1988; 송정식 2003; 황수진 2011)이며 사람이 착장하는 것이므로 제작방식이나 구조가 다르더라도 전체 크기는 크게 다르지 않을 것으로 보인다. 따라서 위의 수치를 찰갑에도 적용 가능할 것이라고 보고 이하 찰갑의 구조복원에 활용하도록 한다. 정리하자면 찰갑의 둘레는 100~110cm 내외, 찰갑의 길이는 41~47cm 내외,[4] 협부 길이는 26cm 내외로 파악할 수 있다(그림 5).

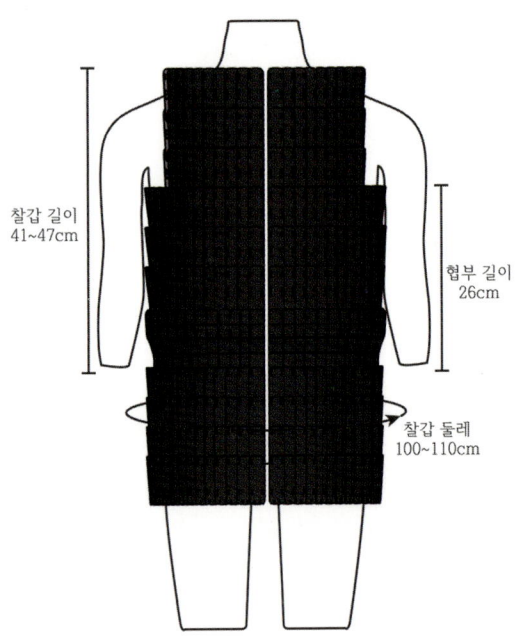

[그림 5] 찰갑의 크기

III. 4세기대 찰갑의 구조와 특징

복천동고분군에서 출토된 4세기대의 찰갑은 5벌로, 복천동 38호묘, 42호묘, 44호묘, 56호묘, 64호묘에서 출토되었다. 이중 56호묘와 64호묘에서 출토된 찰갑은 아직 보고되지 않아[5] 정확한 양상을 알 수 없고, 42호묘에서 출토된 찰갑은 파편으로 구조를 추정하기 어렵다. 여기에서는 출토상태와 소찰이 상세히 보고된 38호묘와 44호묘 출토 찰갑에 대한 구조복원을 시도한다. 이를 토대로 4세기대 복천동고분군 출토 찰갑의 특징에 대해서도 검토해보고자 한다.

----

4   판갑의 경우 대부분 전동부보다 후동부가 길다. 다만 찰갑에서는 아직 이러한 사례를 확인하지 못하였기 때문에 일단 본고에서는 전·후동부 길이가 같은 것으로 보았다.

5   복천동 64호묘 출토 찰갑의 경우 송정식(2010)의 연구에서 출토상태와 소찰을 확인할 수 있다.

1. 구조복원

1) 복천동 38호묘
① 소찰분류

소찰 분류에 대해서는 여러 견해가 있다. 보고서(福泉博物館a 2010)에서는 소찰의 평면형태가 상원하방형인 것과 장방형인 것으로 구분한 뒤 다시 소찰의 크기와 단면의 만곡유무에 따라 세분하여 총 5종류로 분류하였다. 송정식(2010)은 평면형태와 소찰크기를 근거로 4종류로 분류하였으며, 김재휘(2019)는 투공배치와 평면형태가 동일한 소찰은 크기가 모두 같은 것으로 판단하였고, 투공과 평면형태가 서로 다른 것을 기준으로 2종류로 나누었다.

보고서와 송정식(2010)의 분류안은 평면형태를 하나의 분류 기준으로 설정한 것이다. 또 소찰의 길이와 폭 뿐만 아니라 상변과 하변의 폭 차이를 기준으로 제형(혹은 부채꼴)찰의 존재를 지적하였다.

제형찰의 경우 마갑의 경·흉갑에도 다수 사용된다. 제형찰의 가장 큰 특징은 좌우 측변이 경사져 횡결공 또한 측변의 경사에 따라 배치되는 점이다. 이러한 특징으로 인해 제형찰을 좌우로 연결하면 소찰 양측변의 경사만큼 기울어진 채 연결되어 전체적으로 부채꼴이 된다. 이 찰갑 소찰 중에서 보고서나 송정식(2010)의 분류에서처럼 제형찰로 분류할 수 있는 소찰들이 확인된다. 그런데 이 소찰들은 횡결공이 1단으로 배치되어 있어 부채꼴로 연결되는 제형찰의 특징을 잘 살리지 못한다. 또 불량 투공을 제외하면 소찰 좌·우변의 횡결공은 양측변의 경사 유무와 관계없이 평행하게 배치되어 있다. 즉 이 소찰들은 제형찰로 보이게끔 재단되었을 뿐 실제로 제형찰의 기능을 한 것은 아니다. 소찰의 상변과 하변의 폭이 달라 제형찰로 보이는 것은 재단이 일정하지 못하였기 때문인 것으로 생각한다.

또 투공배치와 크기가 동일한 소찰을 다시 상원하방형과 장방형으로 세분하였는데, 이 역시 세분할 필요가 없다고 생각한다. 대체로 상원하방형을 의도하고 제작한 것으로 보이며 장방형으로 분류할 수 있는 소찰은 일부에 불과하다. 제형찰과 마찬가지로 상원하방형찰의 상변 일부가 제대로 재단되지 못하였던 것으로 보인다.

이처럼 재단이 불량한 소찰들이 많아 평면형태보다는 투공배치를 우선하여 분류한 다음, 평면형태와 크기를 통해 세분하는 것이 가장 안정적이라고 볼 수 있다. 그러면 김재휘(2019)의 분류와 같이 투공배치를 통해 두 종류로 분류할 수 있다. 투공배치를 통해 분류된 소찰은 평면형태도 상원하방형과 장방형으로 분명하게 다르다. 상원하방형찰은 다시 크기로 세분되는데, 길이가 7.6cm인 것과 11.9cm인 것[6]이 있다. 이와 같은 방식으로 분류하면 상원하방형찰 2종류와 장방형찰 1종류로 분류할 수 있다(그림 6).

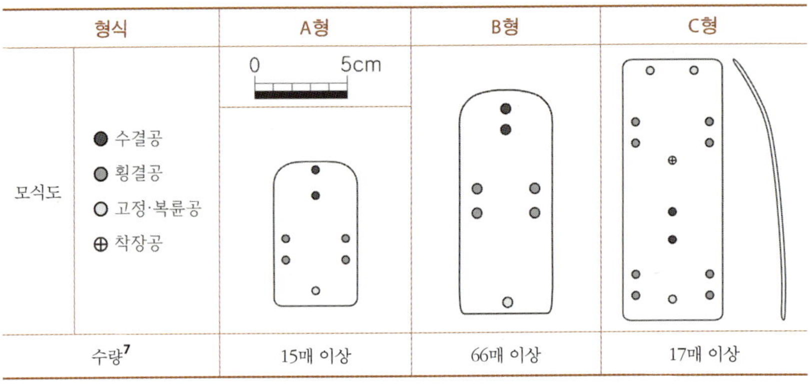

형식	A형	B형	C형
모식도 ● 수결공 ● 횡결공 ○ 고정·복륜공 ⊕ 착장공			
수량[7]	15매 이상	66매 이상	17매 이상

[그림 6] 소찰의 분류(S=1/4)

....
[6] 길이로 세분할 경우, 약 10.4cm인 것, 약 11.1cm인 것, 약 11.9cm인 것으로 세분할 수 있다. 다만 길이가 약 11.9cm인 것이 절대 다수를 차지하고 있으며, 약 10.4cm인 것과 약 11.1cm인 것이 약 11.9cm인 것과 좌우로 연결된 채 수착되어 있다. 즉 이러한 길이 차이 역시 재단 불량일 가능성이 있으며, 원래 의도한 길이는 약 11.9cm인 것으로 볼 수 있다. 본고에서는 별도로 세분하지 않았다.

[7] 소찰 수량은 분리된 소찰들의 수량을 계산한 것이다. 이외에 수십 매의 소찰들이 서로 중첩된 채 수착된 것들이 있는데, 수량을 정확히 파악하기 어려워 계산에서 제외하였다. 다만 육안으로 관찰할 수 있는 범위 내에서 살펴본 결과 B형 소찰이 가장 많고 A형, C형 소찰은 적다. 실제 수량은 알 수 없지만, 분리된 편의 수량만으로도 찰갑에 사용된 각 형식의 소찰들의 비율은 확인할 수 있다.

② 연결기법

소찰의 연결에 사용된 끈은 대부분 부식되었으나 남아있는 흔적을 통해 연결기법을 복원할 수 있다. 횡결기법은 횡결1기법 혹은 2기법이 사용되었으며, 수결기법은 열 수결, 고정기법은 홈질기법이 확인된다. 단 C형 소찰의 경우 연결흔적이 거의 남아있지 않다. A형과 B형 소찰의 연결기법과 출토상태 등을 통해 연결기법을 추정하였다. C형 소찰의 상위와 하위에 양변을 따라 있는 투공은 모두 횡결공으로 횡결 1·2기법이, 상변과 하변에 있는 투공은 고정·복륜공으로 홈질기법이 사용된 것으로 추정된다. 소찰 중앙의 3공 중 아래 2공1조의 투공은 수결공으로 A·B형 소찰과 마찬가지로 열 수결이 사용되었을 것이다(그림 7). 나머지 1공은 착장공으로 추정할 수 있다.

③ 출토상태

찰갑은 약 56×75cm 범위 내에서 출토되었다. 소찰들은 대체로 그 상부가 바깥을 향하고 있다. 소찰의 출토 범위와 방향에서 볼 때 중첩식 부장으로 보인다. 부장 이후 소찰을 연결한 끈이 썩어 없어지면서 소찰들이 바깥방향으로 쓰러진 것이다(그림 8).

소찰의 출토상태가 가장 양호한 쪽은 출토범위 내 서쪽이다. 소찰들이 비교적 정연하게 출토되어 원래의 모습을 추정하는 데에 용이하다.

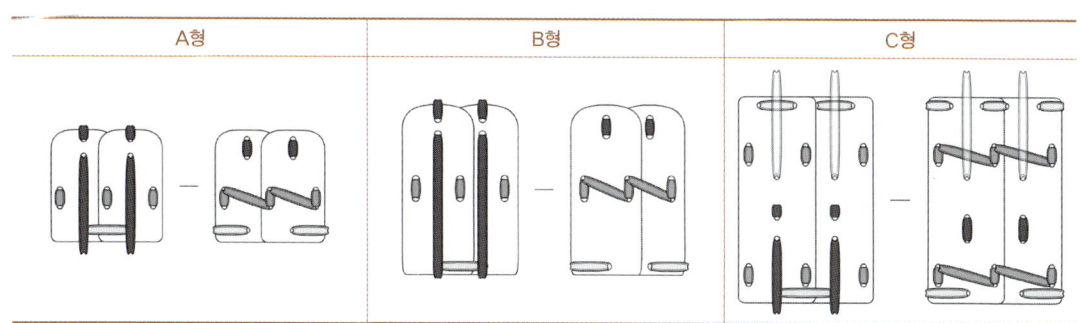

[그림 7] 소찰 연결기법(■ 수결 ■ 횡결 □ 고정 ■ 복륜, 불투명 끈은 착장용 끈)

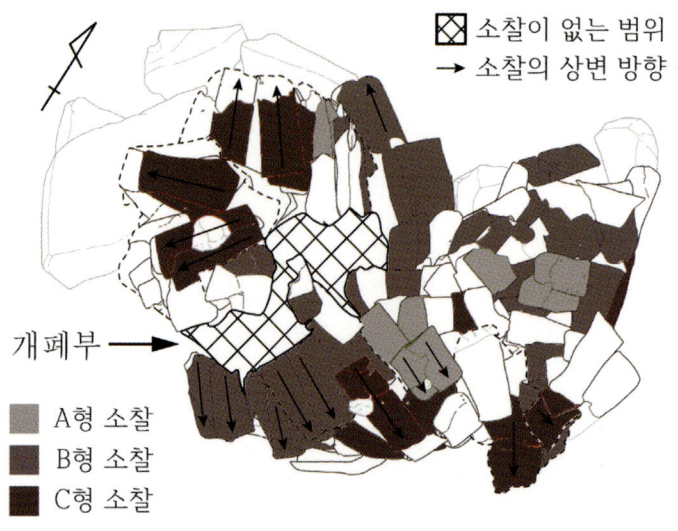

[그림 8] 찰갑 출토상태

이를 중심으로 출토상태를 분석해보자. B형 소찰은 출토 범위 내 전체에서 확인되는데 A형과 C형 소찰은 서쪽과 동쪽에서만 확인된다. 확인 가능한 소찰 수량과 출토위치에서 볼 때, 찰갑의 대부분은 B형 소찰로 구성하였고, A형과 C형 소찰은 찰갑의 일부분에만 사용되었을 것이다.

또 대체적으로 C형 소찰 아래 A형 소찰이 확인되며 그 아래로 B형 소찰들이 확인된다. 이 찰갑이 외중식으로 중첩되었다는 것에서 볼 때(김혁중 2010; 송정식 2010; 이현주 2008), 찰갑 상단에서부터 C형 → A형 → B형 소찰의 순서로 중첩되어 있었던 것으로 볼 수 있다. C형과 A형 소찰은 수량과 출토상태에서 볼 때 한 단씩 있었던 것으로 판단된다. 즉 이 찰갑은 위에서부터 C형 소찰 1단, A형 소찰 1단, B형 소찰 여러 단으로 구성되어 있었던 것으로 파악된다.

출토위치에서 주목하여야 할 부분이 있다. 바로 소찰이 확인되지 않는 중앙에서 남서쪽으로 이어지는 부분이다(도 8). 이 찰갑이 중첩식 부장되었음을 보여주는 부분임과 동시에, 찰갑의 개폐부위를 보여주는 중요한 부분이다. 즉 찰갑을 중첩식 부장하여 중앙에는 소찰이 확인되지 않으며, 남서쪽의 열린 부분은 이 찰갑의 개폐부이다.

④ 구조복원

이 찰갑의 경우 다행히 원래 부장 상태에서 크게 교란되지 않은 채로 출토되어 그 구조를 복원하는 것이 비교적 용이하다. 사용된 소찰은 세 종류로, 여기에서는 A·B·C형 소찰로 분류하였다. 각 소찰의 출토위치를 점검해본 결과 위에서부터 C형, A형, B형 순으로 중첩되어있었다는 것을 알 수 있었다. 이 중에서 B형 소찰의 수량이 가장 많고 출토 범위 전체에서 확인되고 있다. 따라서 찰갑의 대부분은 B형 소찰로 구성되었음을 알 수 있다.

반면 C형과 A형 소찰은 출토 상태에서 서쪽과 동쪽 부분에만 출토되었다. 출토위치상 서쪽부분과 동쪽부분에서 출토된 소찰들이 대칭되는 양상이다. 또 두 소찰 모두 B형 소찰의 상단에 위치하는 것에서 볼 때, B형 소찰로 어느 정도 완성된 찰갑에 C형과 A형 소찰이 그 상부에 돌출되는 모습을 추정해볼 수 있다.[8] 찰갑의 상단에서 대칭되는 두 부분이 돌출되어 일정 공간이 비어있는 곳은 양 팔이 위치하는 공간이다. 즉 출토위치에서 볼 때 서쪽과 동쪽에는 각각 가슴 혹은 등이, C형과 A형 소찰이 확인되지 않는 북쪽과 남쪽에는 양팔이 위치하였을 것으로 보인다.

서쪽과 동쪽 중 어느 쪽이 가슴 혹은 등인지는 알 수 없다. 다만 울산 하삼정 나지구 26호묘 출토 찰갑은 모두 좌중첩되어 있고 개폐부는 우협(右脅, 우측 옆구리)에 위치하고 있다[9](그림 9). 이 찰갑 역시 좌중첩된

---

[8] 찰갑은 먼저 소찰을 횡으로 연결하여 '단(段)'으로 만든 후 각 단을 상하로 연결하여 제작한다. 횡으로 연결되는 소찰은 서로 횡결공의 위치가 일치하고 길이도 같아야 한다. 따라서 A형은 A형 끼리, B형은 B형 끼리 연결되는 것이 가장 자연스럽다. 그렇지 않을 경우 횡결공의 위치가 서로 달라 공백이 발생하여 방어력에 문제가 발생한다.

[9] 송정식(2010: 137-140)은 이를 전동개폐로 보았다. 그러나 고대판(후경판)과 깃판(측경판)이 출토된 위치, 고대판 아래 돌출된 1단(14점)의 소찰, 고대판(후경판)을 기준으로 좌우 소찰의 수량이 균일하지 않은 점에서 볼 때 전동개폐로 볼 수 없다. 김재휘(2019: 60)도 이와 유사한 이유

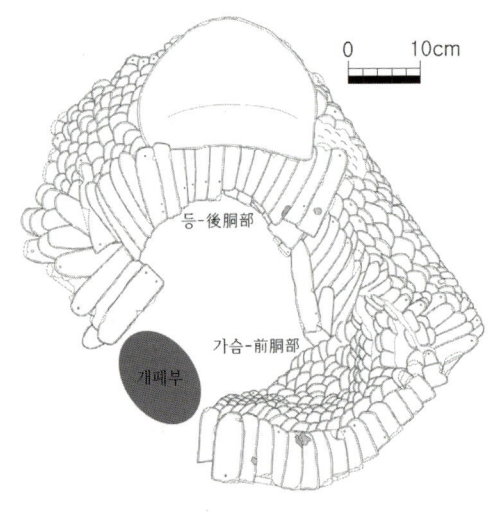

[그림 9] 울산 하삼정 나26호 출토 찰갑 출토상태

소찰만 확인되고 있어 울산 하삼정 나지구 26호묘 찰갑과 마찬가지로 우협개폐일 가능성이 크다. 그렇다면 출토위치에서 서쪽은 등(後胴部), 동쪽은 가슴(前胴部)이 위치하는 곳이 된다. 특히 등 쪽의 경우 B형 소찰과 C형 소찰의 끝 열 같고 개폐부와 만나며, 가슴 쪽은 C형 소찰보다 B형 소찰 단이 더 길며 그 끝 열이 개폐부와 만난다. 이 출토상태를 존중한다면, 정확히는 오른쪽 옆구리의 뒤쪽에서 개폐되는 것이라고 볼 수 있다.[10]

C형과 A형 소찰은 각각 1단씩, B형 소찰은 최대 5단이 확인된다. 다만 한 단의 소찰 수량이나 전체 소찰 수량은 정확히 파악하기 어렵다. 앞서 설정한 복원 가설을 통해 소찰 수량을 추정하고 찰갑 구조를 복원하기로 한다. 먼저 찰갑 둘레를 통해 한 단을 구성하는 소찰 수량을 추정해보자. B형 소찰 34매 연결하면 길이는 약 109cm가 되어 앞서 설정한 찰갑의 둘레와 유사한 길이가 된다. C형과 A형 소찰은 팔의 위치를 고려해 보았을 때 각각 18매(9매×2), 24매(12매×2)가 있었을 것이다. 다음 찰갑의 길이를 추정해보자. 이 찰갑의 경우 B형 소찰이 최대 5단이 확인되는데 이를 상하로 연결하면 약 46cm가 된다. 여기에 C형과 A형 소찰이 1단씩 추가되면 약 63cm로, 가설에서 설정한 찰갑의 길이보다 길어진다. 종장판갑보다

....

로 이 찰갑의 개폐부가 우측 혹은 좌측에 치우쳐 있을 것으로 추정하였다. 고대판(후경판)이 사람의 목 뒤에 위치하는 것은 분명하므로 이 찰갑의 개폐부는 우협에 위치한 것으로 보아야 한다.

10 개폐부와 관련하여 한 가지 언급하고 싶은 것은 소찰의 폭이다. 이 찰갑처럼 4세기대의 찰갑은 5세기대의 찰갑에 비해 소찰 폭이 넓은 경우가 많다. 이 경우 소찰이 꺾이거나 휘어있지 않는 이상 인체 굴곡에 대응하기 어렵다. 특히 옆구리는 폭이 넓은 소찰로는 곡률을 맞추기가 어렵고, 결국 소찰이 신체에 제대로 밀착되지 못한다. 소찰이 신체에 제대로 밀착되지 않으면 활동에 지장을 줄 수 있다. 이를 보완하기 위해 이 찰갑은 개폐부를 측면에 두었을 가능성이 있다.

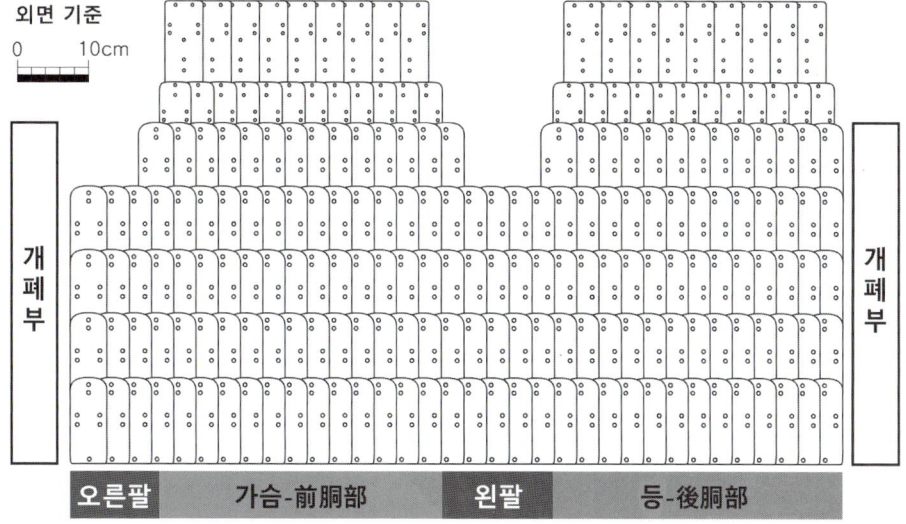

[그림 10] 복천동 38호묘 출토 찰갑 전개 모식도(s=1/10)

길이가 길었을 가능성도 있으나, C형 소찰의 단면 굴곡이 있는 점에서 볼 때 이 찰갑의 최상단(C형 소찰)은 목 부분까지 올라갈 가능성이 더 큰 것으로 보인다. 이 경우 B형 소찰의 최상단이 양 팔의 활동에 지장을 줄 수 있어 협부쪽 소찰의 수량을 조절하여야 한다. 이상의 검토결과를 통해 전개 모식도를 작성한 것이 〈그림 10〉이며, 이를 3D모델링 한 것이 〈그림 11〉이다.

이 찰갑에서 중요한 부분은 C형 소찰의 단면 굴곡과 찰갑 내 위치이다. 본고에서는 C형 소찰의 출토위치를 토대로 이 소찰을 찰갑 내 최상단에 위치한 것으로 보았으며, 목 부위에 가까운 것으로 추정하였다. 그런데 이 소찰은 기존 연구에서 요찰(김혁중 2010; 송정식 2010; 이현주 2008; 황수진 2011) 혹은 도련찰[11](김재휘 2019)로 추정되었다.

---

11 김재휘(2019)는 상반신 찰갑을 검토하면서 이 찰갑이 판갑과 구조상 유사하다고 하였다. 기존에 요찰(腰札)로 인식되어 온 소찰들은 그 하단에 연결되는 상찰(裳札)이 없으므로 요찰이라 하기 어렵고, 판갑의 도련판과 같은 역할을 한 도련찰인 것으로 판단하였다.
사실 기존 연구에서의 요찰과 김재휘의 도련찰은 어느 기준으로 용어를 설정하였는가에 의한 차이로 보인다. 요찰은 이 소찰의 위치가 허리부분에 위치한 것을 중시한 용어로 볼 수 있으며,

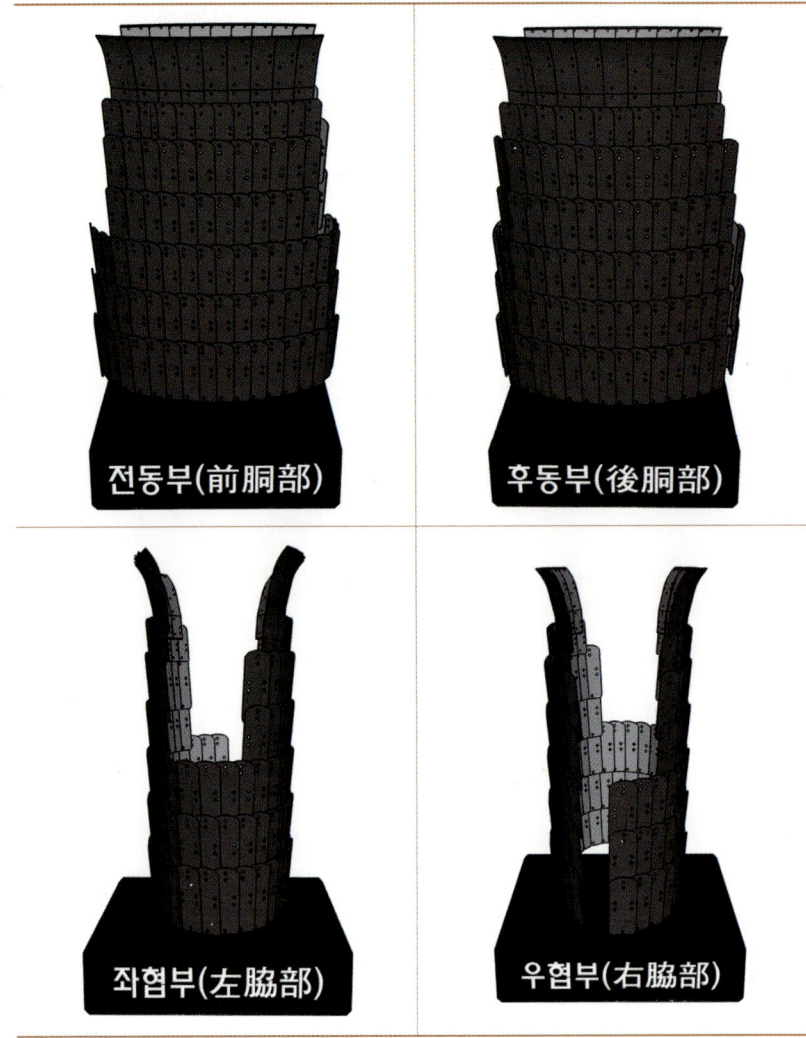

[그림 11] 복천동 38호묘 출토 찰갑의 3D모델링

　　기존 연구에서 이를 요찰로 생각한 이유는 한 단 정도만 있었을 것으로 추정되는 수량과 단면의 굴곡이다. 특히 5세기대 찰갑의 요찰은 'S'자 등 다양한 형태로 굴곡져있기 때문에 미약하지만 굴곡진 소찰들을 모

도련찰은 이 소찰이 찰갑 내에서 하는 기능(최하단에서 찰갑을 마감)을 중시한 용어설정이다. 실제로 김재휘(2019)의 상반신 찰갑 모식도에서도 도련찰은 찰갑의 요찰이 위치하는 곳에 있다. 즉 김재휘(2019)의 도련찰도 허리부분에 위치한다는 점에서는 요찰이라고도 볼 수 있다.

두 요찰로 판단한 것으로 보인다. 그러나 이 찰갑이 내중식이었거나 찰갑의 안과 밖을 뒤집어 부장하였을 가능성을 배제한다면,[12] C형 소찰이 찰갑의 최상단에 위치한 것은 분명하다.

본고에서처럼 C형 소찰을 목에 가까운 찰갑의 최상단에 위치한 것으로 보는 것은 기존 연구와 상반되므로 더욱 면밀한 검토가 필요할 수 있다. 이 찰갑의 경우 출토상태가 명확하기 때문에 요찰 혹은 도련찰일 가능성을 배제할 수 있었다. 단 이 찰갑을 기준으로 기존의 요찰 혹은 도련찰로 분류된 소찰을 모두 찰갑의 최상단으로 추정하는 것에는 무리가 있다. 본고에서는 일단 이 찰갑에 한정하여, 이 소찰이 요찰이나 도련찰이 아니었을 것이라고 판단한다.

2) 복천동 44호묘[13]

① 소찰분류

소찰은 평면형태가 상원하방(上圓下方)형이고 크기는 길이 13cm 내외, 폭 3cm 이내이다(그림 11). 복천동 38호묘의 찰갑과 비교하면 상당히 세장(細長)한 특징이 있다. 횡단면은 곡률이 없고 종단면의 곡률은 'S'자에 가까우나 굴곡이 심하지 않다. 소찰 상위와 중위 중앙에 1공씩의 수결공, 상위 양변에 2공씩의 횡결공,[14] 하위 중앙에 1공의 복륜공이 있다.

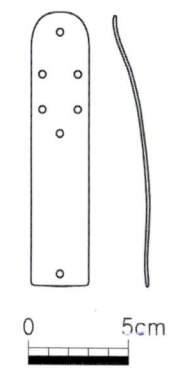

[그림 12] 소찰 모식도

② 유기질제 소찰

이 찰갑에 있어 가장 중요한 특징은 바로 유기질제 소찰의 존재이

12　찰갑이 내중식으로 중첩될 경우 하단의 소찰이 상단의 안쪽으로 중첩되기 때문에, 수결공이 소찰 상위에 있을 수 없다. 출토상태에서 수결공이 모두 아래를 향하고 있어야 한다. 그러나 이 찰갑의 출토상태에서는 수결공이 모두 위를 향하고 있어 내중식일 가능성은 극히 낮다. 또 찰갑은 의복의 한 종류이기도 하므로 굳이 이를 안과 밖을 뒤집어 부장할 이유도 없다.

13　이 절은 김성호(2019)의 내용을 수정·보완하여 작성한 것이다. 이 찰갑의 경우 소찰들이 대부분 교란되어 정확한 출토양상을 알 수 없다. 다만 후술할 유기질제 소찰의 형태와 연결기법이 뚜렷하게 남아있어 구조복원에 용이하다고 생각하였다.

14　복천동 38호묘의 횡결공과는 차이가 있다. 양변에 각각 2공1조를 이루어 투공 간격이 좁은 복천동 38호묘의 소찰과는 달리 횡결공의 간격이 넓다. 횡결기법도 다르다.

| 1. 찰갑에 수착된 유기질제 소찰 | 2. 판갑에 수착된 유기질제 소찰 |

[그림 13] 유기질제 소찰

다. 구어리 1호묘나 진영 여래리 Ⅱ지구 40호묘 출토 찰갑에서 유기질제 소찰의 존재를 추정(김혁중 2019)할 수 있으나 그 형태는 확인되지 않았다. 이외에 다호리 2호묘, 석암리 219호묘, 몽촌토성 등에서도 유기질제 소찰이 출토되었지만, 영남지역 삼국시대 자료 중 유기질제 소찰의 형태를 확인할 수 있는 자료는 극히 적다.

　이 찰갑에서는 철제 소찰 중위에 유기질제 소찰 일부가 외중식으로 중첩된 것이 확인되었다(그림 13-1). 연결에 사용된 끈도 수착된 채 확인되었다. 이 찰갑과 공반된 판갑에서도 유기질제 소찰의 일부가 수착된 것을 관찰할 수 있다(그림 13-2).

③ 연결기법

　소찰을 연결한 가죽 끈의 형태가 뚜렷하게 남아있어 수결, 횡결, 복류기법을 모두 확인할 수 있다. 수결기법은 열 수결, 횡결기법은 경갑에 주로 사용된 것으로 파악된 소위 '×'자 횡결, 복류기법은 홈질로 고정한 혁포복류이 사용되었다(그림 14).

　주목하고 싶은 것은 '×'자 횡결이다. 기존 연구에서는 이 횡결기법은 주로 경갑에 사용된 것으로 연구되어 왔고(이현주 2010; 황수진 2011), 그 전통은 중원지역에 있는 것으로 파악되었다(이현주 2010: 356). 그 근거를 평양 석암리 219호묘 혁제 찰갑과 광주 서한 남월왕묘(廣州西漢南越王墓)

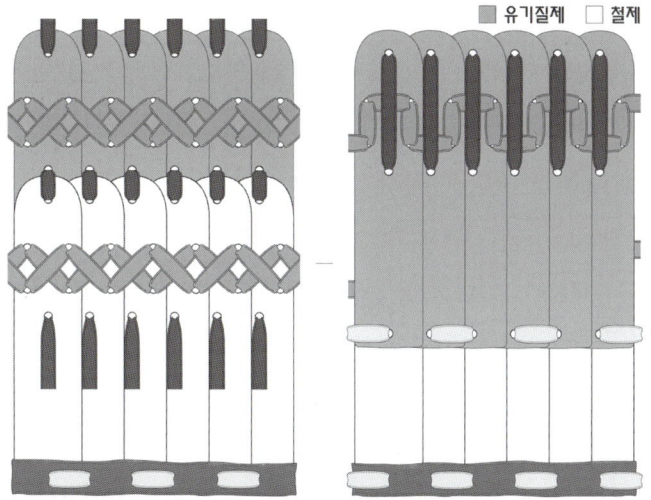

[그림 14] 소찰 연결기법 모식도(■ 수결 ■ 횡결 □ 고정 ■ 복륜)

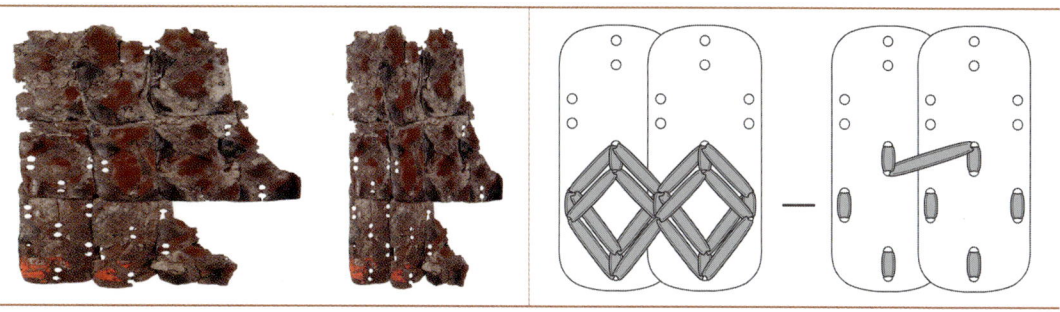

[그림 15] 석암리 219호묘 출토 찰갑(왼쪽)과 연결기법 복원 모식도(오른쪽)

출토 찰갑의 연결기법에서 찾았다. 그러나 이 연결기법들은 ×자 횡결이 아니고, 내중식의 고정갑에 주로 사용되는 기법이다. 소찰 표면에는 〈그림 15〉와 같은 ◇자가 중복된 흔적이 남는다.[15]

　×자 횡결이 영남지역을 중심으로 4세기대 경갑에서 확인되고 있다. 찰갑에서는 이 찰갑에서 확실한 형태로 확인되었고, 김해 대성동 1호

15　세부적으로는 차이가 있지만 이 연결기법과 같은 연결원리를 갖는 기법들이 주로 한(漢)대에 유행한다.

묘에서 출토된 찰갑에서도 관찰할 수 있다. 이외에도 이 찰갑의 소찰과 투공배치가 유사한 김재휘(2019)의 A형 도련찰들도 ×자 횡결이 사용되었을 가능성이 높다. 따라서 현재까지 자료상 ×자 횡결은 4세기대 주로 유행한 영남지역의 토착적인 횡결기법이라고 볼 수 있다.

④ 구조복원

소찰은 대부분 교란된 채 출토되어서 원래 부장상태는 알 수 없다. 따라서 찰갑의 높이와 둘레 등을 통해 구조복원을 시도한다. 철제 소찰은 대략 40매가 확인된다. 횡방향 중첩방식은 모두 좌중첩이다. 40매의 소찰을 횡으로 연결하면 길이는 약 72cm가 된다. 찰갑의 둘레를 고려하면, 총 60매 가량의 소찰(약 106cm)이 한 단을 이루었을 것으로 추정된다. 〈도 13-1〉을 통해 소찰의 상단과 하단이 중첩된 간격이 약 7cm임을 알 수 있다. 찰갑의 높이가 41~47cm이므로 6~7단 정도의 소찰 단이 중첩되어 있었을 것으로 보인다. 철제 소찰이 허리에, 유기질제 소찰이 허리 위에 위치하는 유기질제 혼용 찰갑[16]으로 볼 수 있다.

한편 이 철제 소찰 하변 혁포복륜과 그 아래 중첩된 유기질제 소찰의 공존이 다소 이해되지 않는다. 일반적으로 혁포복륜은 갑주의 가장자리에 이루어진다. 가장자리를 마감하는 느낌이 강하다. 그렇다면 철제 소찰 하단에 유기질제 소찰을 연결함에도 철제 소찰 하변을 혁포복륜한 이유는 무엇일까. 많은 검증이 필요하겠으나 혁포복륜의 기능을 생각해보았을 때, 이 찰갑의 경우 상찰이 탈부착되었을 가능성이 있었을 것으로 조심스레 추정해본다. 이상의 검토결과를 통해 전개 모식도를 작성한 것이 〈도 16〉이며, 이를 3D모델링 한 것이 〈도 17〉이다.

---

[16] 김혁중(2019)은 이 찰갑처럼 유기질제 소찰과 철제 소찰이 혼용된 찰갑을 '유기질제 혼용 찰갑'이라 정의하였다. 본고에서도 김혁중(2019)의 용어를 따랐다.

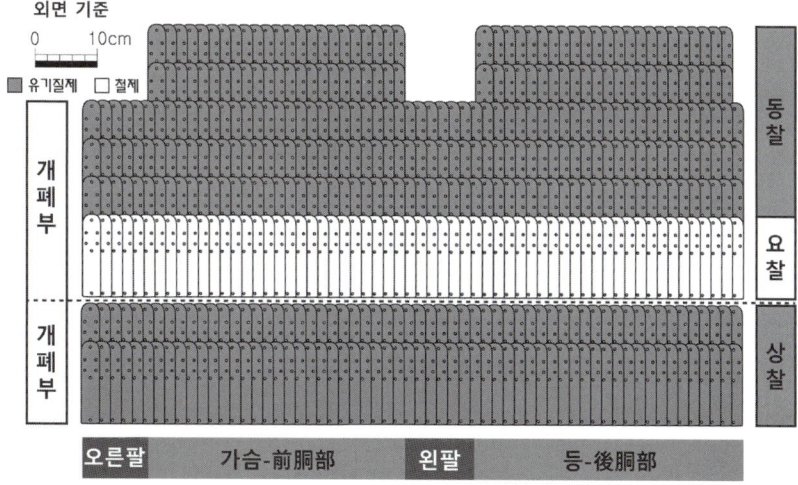

[그림 16] 복천동 44호묘 출토 찰갑 전개 모식도

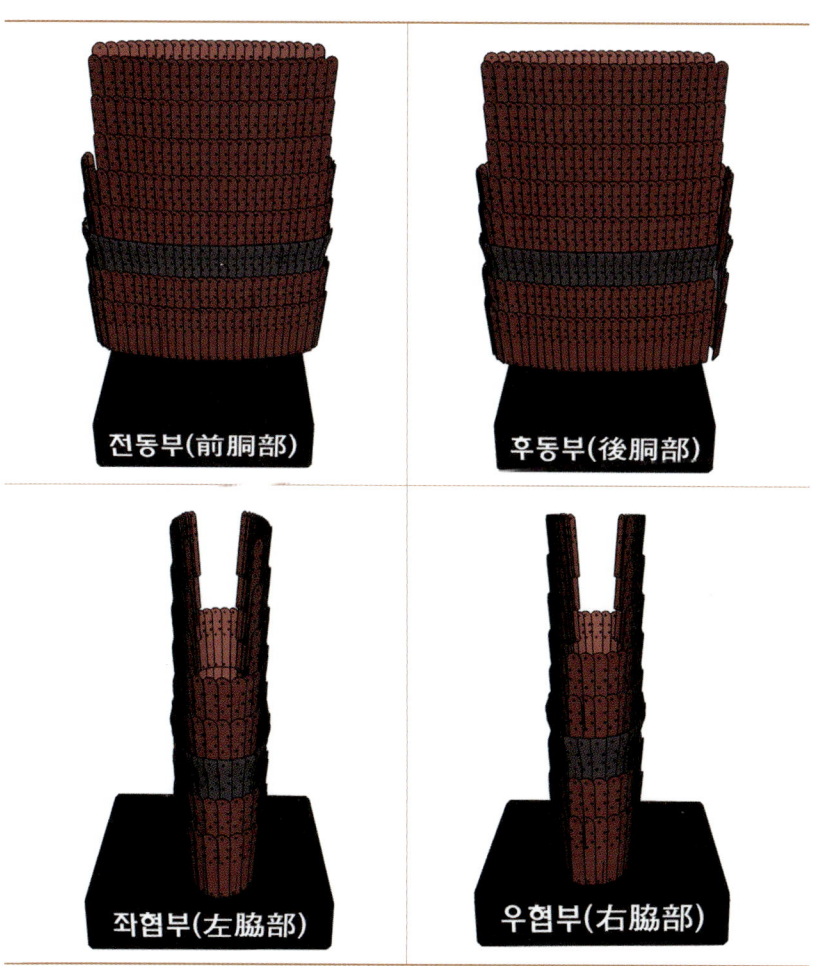

[그림 17] 복천동 44호묘 출토 찰갑의 3D모델링

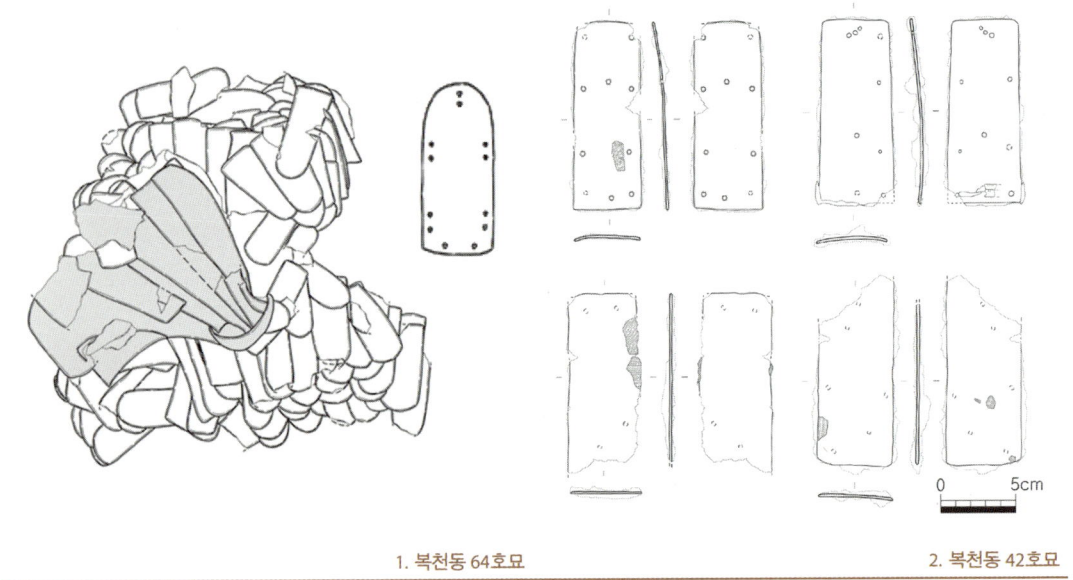

1. 복천동 64호묘   2. 복천동 42호묘

[그림 18] 복천동 64호묘 출토 찰갑(송정식 2010 인용)과 복천동 42호묘 출토 찰갑

2. 특징

위에서 언급한 것처럼 복천동고분군에서 현재까지 확인된 4세기대 찰갑은 총 5벌(56호묘, 38호묘, 42호묘, 44호묘, 64호묘)이다. 이 중 64호묘(그림 18-1)에 대하여 송정식(2010: 137-140)은, 상하 중첩(7~8단)은 외중식이며 좌우 중첩(16~19열)은 좌중첩이고, 개폐방식은 전동개폐로 추정하였다. 정확한 양상은 아직 알 수 없으나 한 가지 소찰만 사용된 것과 좌중첩만 확인되는 것에서 볼 때 전체 구조는 복천동 38호묘 찰갑과 유사하며, 개폐방식도 우협개폐일 것으로 보인다.

42호묘(그림 18-2)의 경우 유구가 교란되어 소찰은 모두 제 위치를 이탈한 채 수습되었다. 평면형태는 장방형이며 종단면 곡률은 미약하지만 C자상이다. 투공배치와 일부 가죽 끈 흔적에서 볼 때 ×자상 횡결기법이 사용된 것으로 보인다. 출토된 소찰의 수량에서 볼 때 이 찰갑 역시 유기질제 혼용 찰갑일 가능성이 있다. 소찰의 평면형태에서는 차이가 있지만 유기질제 혼용 찰갑인 점, ×자상 횡결기법이 사용된 점 등에서 볼 때 44호묘 출토 찰갑과 구조가 유사할 것으로 추정된다.

그렇다면 복천동 고분군에서는 4세기대 재질로 구분되는 두 계통의 찰갑이 존재한 것으로 볼 수 있다. 즉 38호묘, 64호묘 출토 찰갑으로 대표되는 철제 찰갑과 42호묘, 44호묘로 대표되는 유기질제 혼용 찰갑이다.

38호묘에서 출토된 찰갑은 영남지역에서 가장 이른 시기의 철체 찰갑 중 하나이다. 이전 시기의 유기질제 갑주를 철제로 제작하기 시작한 시점의 것이므로 역사적 의미가 큰 갑옷이라고 할 수 있다. 소찰을 재단하는 작업이나 투공을 하는 작업에서 미숙함이 보이는 데, 이는 찰갑 소재를 전환하는 시점을 보여주는 것으로 생각한다. 즉 찰갑 제작공인이 아직 철제 소찰을 설계하고 제작하는 데에 비교적 능숙하지 못하였던 것으로 보인다.

요찰만 철제인 44호묘 출토 유기질제 혼용 찰갑은 38호묘, 64호묘의 철제 찰갑과는 수결공, 횡결공의 배치에서 큰 차이가 확인된다. 대부분의 찰갑에서 수결공과 횡결공은 두 개의 투공이 하나의 조를 이루는 2공1조로 배치되는 것에 비해 44호묘 찰갑 소찰의 투공은 1공씩 비교적 넓은 간격을 두고 배치된다. 횡결기법도 일반적으로 사용되는 1기법 혹은 2기법이 아닌 ×자 횡결이 사용된다. 또 상하좌우로 겹쳐지는 소찰 중첩간격도 비교적 넓다. 이 경우 다른 찰갑보다 같은 길이에 더 많은 소찰들이 필요하다. 이러한 점들을 복천동 38호묘부터 출토되는 철제 찰갑들과는 다른 유기질제 혼용 찰갑의 특징이라 생각하고 있다.

철제 찰갑의 경우 소찰들이 중첩되는 부분이 많아질수록 방어력은 높아지지만, 사용되는 소찰 수량이 증가하므로 무게와 제작비용 등에서 볼 때 상하·좌우 중첩간격의 제한치가 있었을 가능성이 크다. 반면 유기질제 찰갑의 경우 소재만 비교하였을 때, 철제 찰갑에 비해 방어력이 떨어진다. 그러한 단점을 소찰의 중첩간격을 넓혀 극복한 것이다. 유기질제 소찰이기 때문에 중첩간격이 늘어나더라도 무게의 부담은 비교적 적다.

즉 44호묘의 유기질제 혼용 찰갑에는 유기질제 찰갑의 구조적 특징들이 구현되어 있다고 볼 수 있다.

따라서 유기질제 혼용 찰갑은 유기질제 찰갑의 제작전통을 계승한 찰갑으로 볼 수 있다. 여기에서 한 가지 의문이 생긴다. 유독 요찰만을 철제로 제작한 이유는 무엇일까. 김혁중(2019)은 '갑옷의 경량화' 때문에 유기질제 혼용 찰갑의 요찰을 철제로 제작한 것으로 보았다. 타당한 지적이다. 여기에 추가적으로 언급하고 싶은 것은 '찰갑의 무게중심'이다.

수결기법과 수결공의 배치에 따라 차이가 있으나 일반적으로 찰갑은 소찰의 상단과 하단 간 유동성이 있어 활동성이 좋은 갑옷으로 평가된다. 특히 유기질제 찰갑의 경우 소찰이 철제 소찰보다 가벼워 그 유동성은 더욱 커진다. 그러나 유동성이 높아질수록 활동성도 커지는 만큼 방어력은 떨어질 수밖에 없다. 소찰이 움직일 때마다 노출부위가 생길 가능성이 높아지기 때문이다.

찰갑의 방어력 면에서 볼 때 지나친 유동성은 오히려 약점이 될 수 있으므로, 그 유동성을 제어하기 위하여 요찰을 철제로 제작한 것이다. 허리부분에서 철제 소찰이 무게 추 역할을 하여 유기질제 소찰이 지나치게 움직이는 것을 방지하는 것이다. 즉 복천동 44호묘와 같은 유기질제 혼용 찰갑은 기존의 유기질제 찰갑을 한 단계 발전시켜 그 장점을 유지하면서도 단점을 보완한 찰갑인 것이다.

38호를 표지로 하는 4세기대 철제 찰갑과, 44호를 표지로 하는 4세기대 유기질제 혼용 찰갑은 각각이 구분될 만한 구조적 특징이 있지만 한편으로는 공유되는 점도 존재한다. 바로 소찰의 중첩방식과 개폐부위이다. 38호묘, 44호묘, 64호묘 출토 찰갑은 모두 상하는 외중첩, 좌우는 좌중첩되며, 개폐부위는 우협에 있다. 즉 4세기대 복천동고분군에는 전체 구조상에서는 동일하나 세부적으로 재질이나 소찰들이 다른 두 계통의 찰갑이 존재한 것으로 보인다(그림 19).

복원 모델	철제 찰갑	유기질제 혼용 찰갑
	 복천동 38호묘	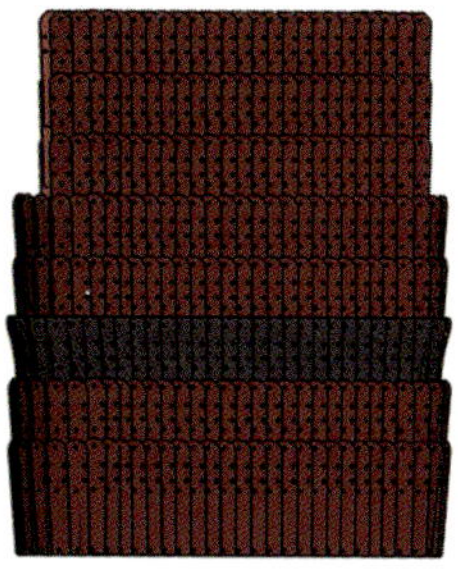 복천동 44호묘
출토 유구	복천동 38호묘, 64호묘	복천동 42호묘, 44호묘
찰갑 재질	철제	유기질제+철제
투공 배치	2공1조	1공1조
중첩 방식	좌중첩	
개폐 부위	우협개폐	
찰갑 부위	상반신	상반신(+하반신)

[그림 19] 4세기대 찰갑의 특징

IV. 5세기대 찰갑의 구조와 특징

　5세기대가 되면 복천동고분군에 찰갑 부장량이 이전 시기보다 증가한다. 총 11벌의 찰갑이 부장되었다. 복천동 10·11호묘, 15호묘, 21·22호묘, 34호묘, 35·36호묘, 47호묘,[17] 78호묘, (동)2호묘,[18] (동)8호묘, 학소대 1구 2·3호묘에서 출토되었다. 이중 출토상태가 양호한 복천동 21·22호묘와 거의 전량의 소찰이 보고된 34호묘 출토 찰갑을 대상으로 구조복원을 시도하였다.

17　2벌의 찰갑이 출토된 것으로 추정된다(福泉博物館 2010a: 98).
18　동아대학교박물관에서 발굴 조사한 유구는 유구의 호수 앞에 (동)을 붙여 구분하였다.

1. 구조복원

1) 복천동 34호묘

이 찰갑은 박준현·김성호·김재휘(2018)의 연구에서 이미 검토된 바 있다. 이 연구에서 연결기법이 매우 상세히 검토되었고 이를 통해 대략적인 구조 복원도 시도되었다. 여기에서는 이 연구에 동의하는 입장에서 일부 내용을 수정하고, 전체적인 구조의 전개 모식도를 제시한다.

이 고분에서는 동찰(胴札), 요찰, 상찰을 포함하는 신갑(身甲)과 상박갑(上膊甲)으로 이루어진 1벌의 찰갑과 함께, 경갑(頸甲), 종장판주(縱長板冑)가 출토되었다. 이 중 본고에서는 동찰, 요찰, 상찰을 중심으로 하는 찰갑의 신갑을 검토하여 구조복원을 시도한다.

① 소찰 분류

소찰은 기존 연구(박준현·김성호·김재휘 2018)대로 동찰, 요찰, 상찰로 구분할 수 있다(그림 20). 동찰의 경우 소찰 전체가 종방향으로 꺾인 것과 상변 일부가 꺾인 것이 확인된다. 종방향으로 꺾인 것은 찰갑의 곡률을 잡아주기 위해 옆구리에 사용된 것이며, 상변 일부가 꺾인 소찰은 최상단에 위치하는 것으로 판단하였다(박준현·김성호·김재휘 2018: 92). 상찰은 복륜공이 2공인 것과 3공인 것이 있는데, 3공인 소찰에는 혁포복륜이

위치	동찰	요찰	상찰
모식도	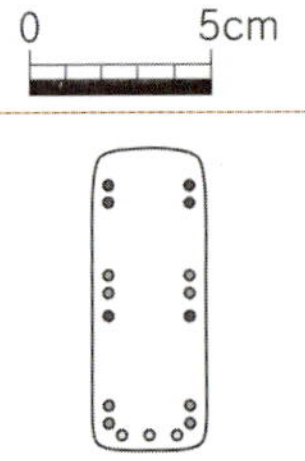	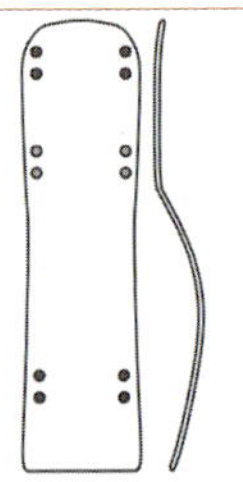	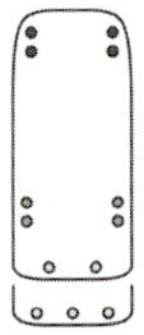
수량	82매	10매	92매

[그림 20] 소찰 모식도

확인되므로 상찰의 최하단에 위치하는 것으로 볼 수 있다. 요찰은 완형이 없으나 파손된 소찰들을 조합하여 전체를 복원하였으며, 고정·복륜공의 유무는 알 수 없다.

② 연결기법

횡결기법으로는 동찰, 요찰, 상찰 모두 횡결 1기법과 2기법이 사용되었다. 수결기법은 동찰의 경우 열 수결이 사용되었다. 기존 연구(박준현·김성호·김재휘 2018: 92)에서는 열단 수결로 추정하였는데, 열단 수결의 가장 큰 특징인 소찰 열 방향의 수결 띠가 확인되지 않으며, 수결 띠를 고정한 수결 끈의 흔적(소찰 내면에 횡결 1기법 혹은 2기법과 동일한 흔적)이 전혀 확인되지 않는다. 따라서 열단 수결보다는 열 수결이 사용되었을 가능성이 더 크다. 상찰에서는 열단 수결의 흔적이 뚜렷하게 확인되었다. 요찰은 상위와 하위에 수결공이 있는데, 상위에서는 동찰의 열 수결용 끈이 마감되었을 것이며, 하위에서는 상찰의 열단 수결용 띠가 시작되었을 것이다. 고정·복륜기법은 동찰의 경우, 가죽 끈을 이용하여 감침질하였으며, 상찰은 홈질로 연결하였다. 상찰의 경우 고정·복륜공이 3공이며 혁포복륜된 소찰들이 일부 확인된다. 이 소찰들은 도련찰로 추정된다(그림 21).

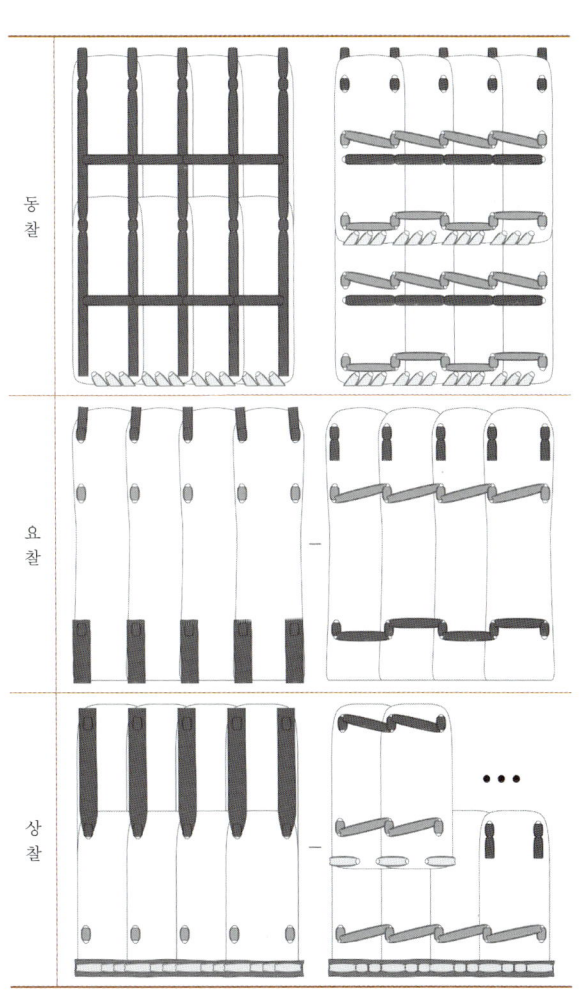

[그림 21] 소찰 연결기법 모식도(■ 수결 ■ 횡결 □ 고정 ■ 복륜)

③ 구조복원

이 찰갑은 출토상태에서 볼 때 목곽 상부에 부장되었다가 목곽이 무너져 내리면서 유구 바닥에 흩어진 것으로 보인다. 출토상태에서는 원래 구조를 추정할 수 없기 때문에 소찰 구성과 복원 가설을 통해 복원을 시도한다.

소찰은 횡방향으로 중첩된 소찰들이 다수 확인되며, 분리된 소찰에도 중첩된 흔적이 뚜렷하게 남아있어 횡방향 중첩방식의 추정이 용이하다. 동찰과 상찰에서 모두 중앙중첩된 소찰이 확인되어 기존 연구(박준현·김성호·김재휘 2018)와 마찬가지로 동환식 찰갑일 가능성이 큰 것으로 보인다. 이 경우 찰갑 뒤쪽(착장자의 등)의 중앙에 중앙하중첩된 소찰이 있고 이를 중심으로 찰갑 앞쪽(착장자의 가슴)을 향해 소찰을 중첩시켜 나간다.

중앙하중첩된 동찰을 기준으로 좌측 소찰은 좌중첩, 우측 소찰은 우중첩된다. 그런데 출토된 소찰을 보면 좌중첩된 소찰은 극히 일부에 불과하고 대다수가 우중첩되어 있다. 상찰 역시 마찬가지이다. 이 유구가 파괴된 것을 고려하면 찰갑의 좌측 대부분이 유구의 파괴와 함께 결손되었을 가능성이 크다.

찰갑의 둘레를 약 109cm라 하였을 때 한 단에 연결된 소찰은 대략 50매가 된다. 동찰의 경우 6단으로 구성되었을 것으로 보이며, 팔의 위치를 감안하면 첫 번째와 두 번째 단은 한 단에 38매씩, 나머지 단은 50매씩이 있었을 것으로 추정되며, 이 경우 총 272매의 동찰이 필요하다. 동찰이 80매 가량 출토되었으므로 절반 이상이 결손된 것이다.

동찰의 경우 상변 일부 혹은 전체가 종방향으로 꺾인 소찰들이 있다. 앞서 언급한 것처럼 전자의 경우 찰갑의 최상단에 위치한다(박준현·김성호·김재휘 2018: 92). 꺾인 방향은 바깥쪽이다. 소찰의 상변이 목에 직접적으로 닿는 것을 막기 위함이거나 경갑과의 중복을 피하여 착장의 안정성을 높이기 위한 것으로 보인다. 목 혹은 경갑의 위치를 고려하였을 때 찰갑 앞쪽(착장자의 가슴)의 정중앙에 상변 전체가 꺾인 소찰들이 위치

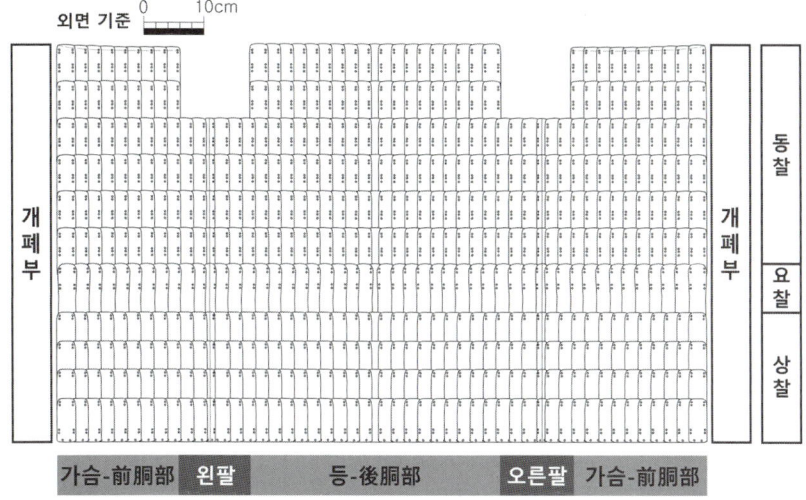

[그림 22] 복천동 34호묘 출토 찰갑 전개 모식도

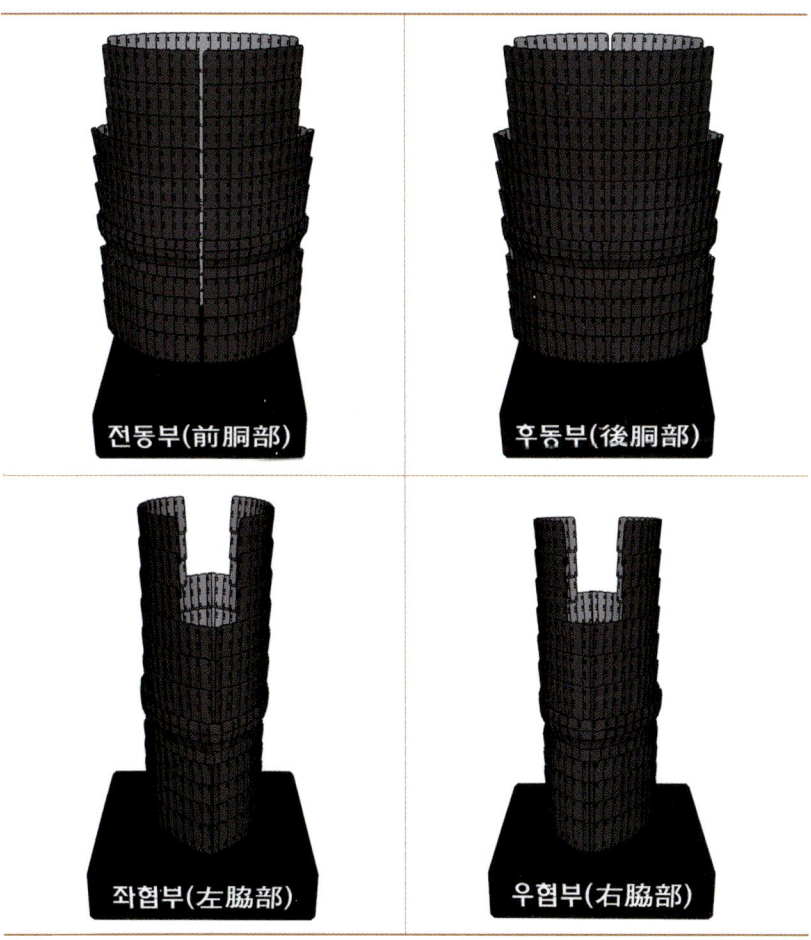

[그림 23] 복천동 34호묘 출토 찰갑의 3D모델링

하며, 바깥쪽으로 가면서 상변 일부만 꺾인 소찰이 배치되는 양상으로 이 소찰들을 연결한 것으로 보인다. 종방향으로 꺾인 소찰의 경우 팔이 위치하는 찰갑의 양협부에 위치하여 찰갑 전체 곡률을 잡아주는 역할을 하였을 것이다(박준현·김성호·김재휘 2018: 92). 옆구리에서 찰갑을 인체 곡률에 맞춰주기 때문에, 찰갑이 착장자의 몸에 더 잘 밀착될 수 있다. 이상의 검토 결과를 통해 모식도를 작성한 것이 〈그림 22〉, 이를 3D모델링한 것이 〈그림 23〉이다.

2) 복천동 21·22호묘

부곽에서 철제 소찰 한 단이 ⊔자상으로 출토되었다. 출토상태와 소찰 수량에서 볼 때, 복천동 44호묘 출토 찰갑과 마찬가지로 찰갑의 대부분은 유기질제 소찰로 이루어져 있을 가능성이 크다. 유기질제 소찰이 명확한 형태로 확인되지는 않았지만, 몇 가지 흔적을 통해 그 존재를 추정할 수 있다. 먼저 철제 소찰 외면의 하위와 내면의 상위에는 상당량의 유기물이 수착 되어 있다(그림 24-1). 또 출토상태 사진을 보면, 경갑과 철제 소찰사이 공간과 철제소찰 아래 공간에 상당 범위의 유기물 흔적을 확인할 수 있다(도 24-2). 뿐만 아니라 철제 소찰 주위에서 출토된 소찰로 추정되는 칠기 편에서는 투공과 철제 소찰의 횡결 끈(0.3~0.5cm)과 폭이 유사한 연결 끈(0.3cm)도 확인되고 있다(도 24-3). 이것으로 볼 때 이 찰갑은 유기질제 소찰과 철제 소찰로 구성된 유기질제 혼용 찰갑이라고 판단할 수 있다.

① 소찰분류

길이 13cm 내외, 폭 3.3cm내외의 소찰이 총 49매 출토되었다. 소찰 상위와 중하위 중앙에 각 1공씩의 수결공이 2단으로 배치되어 있다. 횡결공도 2단으로 각각 상위의 수결공과 중하위의 수결공 바로 아래에 위치한다. 고정·복륜공은 하위 중앙에 1공이 있다. 횡결공을 제외하면

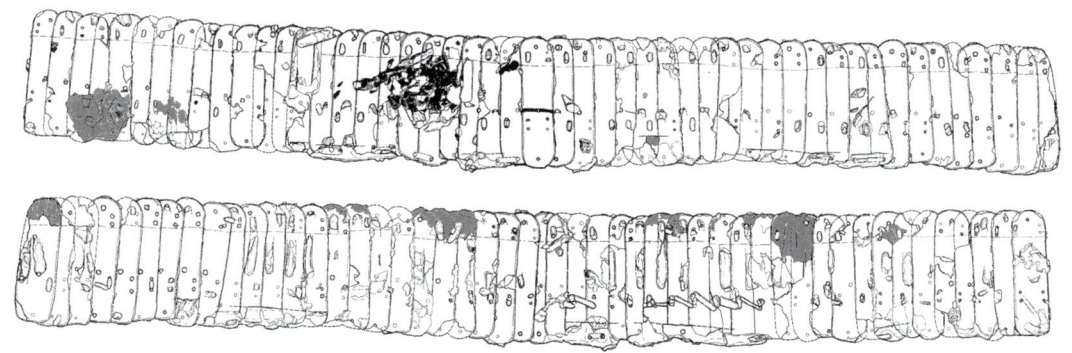

1. 철제 소찰에 수착된 유기물(회색 음영)

2. 철제 소찰 주변 유기물(표시 부분)

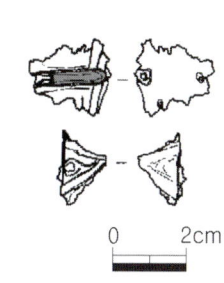

회색 음영은 연결 끈

3. 가죽제 칠기 편

[그림 24] 복천동 21·22호 출토 유기질제 소찰 추정 위치(1)·범위(2)와 추정 소찰편(3)

수결공과 고정·복륜공은 투공배치가 복천동 44호묘 찰갑과 동일하나. 종단면의 곡률은 'S'자에 가깝다. 상변에서부터 직선적으로 내려오다 1단 횡결공이 끝나는 지점에서부터 굴곡이 시작된다(그림 25).

② 연결기법

연결흔적은 뚜렷하게 남아있다. 간격이 넓은 두 단의 수결공을 이용하여 상단과 하단을 열 수결로 연결하였다. 횡결은 제 1기법이 사용되었다. 철제 소찰의 하변에는 홈질기법으로 혁포를 고정한 혁포복륜이 확인되며, 유기질제 소찰은 홈질로 고정하였을 것으로 추정된다(그림 26).

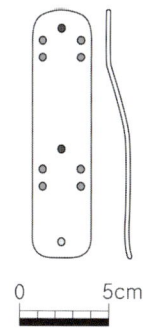

[그림 25] 소찰 모식도

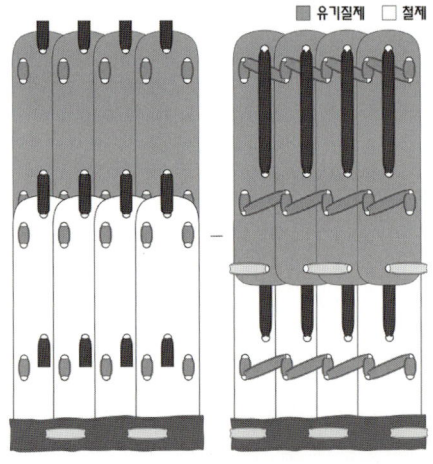

[그림 26] 연결기법 모식도

③ 출토상태

이 찰갑은 경갑과 함께 부곽의 남쪽에서 출토되었다. 크게 3군으로 나뉘어 ㄷ자상으로 펼쳐져 있었다. 보고자는 중앙상중첩된 소찰을 중심으로 좌우 각각 24매씩 연결되는 것으로 복원하였다.

출토상태를 보면(도 27) 소찰 외면이 위를 향하고 우중첩된 북쪽 소찰군과, 소찰 외면이 아래(유구 바닥)를 향하고 좌중첩된 서쪽 소찰군, 소찰 외면이 바닥을 향하고 우중첩된 남쪽 소찰군으로 나눌 수 있다. 북쪽 소찰군에는 10매 이상, 서쪽 소찰군에는 14매, 남쪽 소찰군에는 5매 이상씩 있는 것으로 보아, 중앙중첩찰은 없었던 것으로 보인다. 출토상태를 존중한다면 중앙상중첩된 소찰을 중심으로 좌측에 우중첩, 우측에 좌중첩된 소찰들이 연결되는 식으로의 복원은 어려울 것으로 보인다.

또 북쪽, 남쪽 소찰군은 서로 평행하게 놓여있고, 그 사이에 서쪽 소찰군이 이와 직교하고 있다. 각 군내의 소찰들은 비교적 정연한 상태로 연결되어 있지만, 각 군끼리는 서로 직각을 이루는 점에서 볼 때 이 찰갑은 크게 세 부위로 구분되었을 가능성이 있다.

경갑의 정후방부지판(正後方部地板)이 서쪽, 전방부(前方部)지판이 동쪽에 있는 것에서 볼 때, 서쪽 소찰군은 후동부, 북쪽 소찰군은 좌전동부, 남쪽 소찰군은 우전동부에 해당하는 것으로 판단할 수 있다. 원래 부

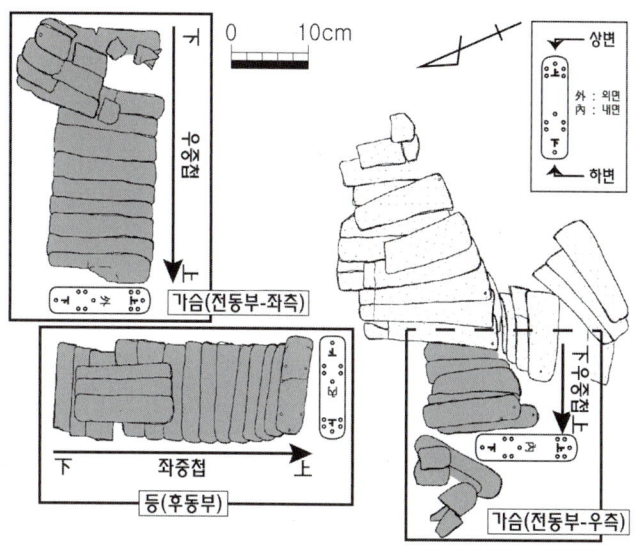

[그림 27] 찰갑 출토상태

장모습은 정확히 알기 어려우나, 북쪽 소찰군의 외면이 위를 향하고 서쪽과 남쪽 소찰군의 외면이 바닥을 향하며, 경갑이 남쪽을 향해 넘어진 점에서 볼 때, 이 찰갑은 부장 이후 남쪽으로 쓰러진 것으로 추정된다.

④ 구조복원

소찰은 총 49매가 확인되었다. 출토상태에서 일부 확인되지 않거나 교란된 소찰들을 조정하여 후동부에 23매의 소찰이 있고, 좌·우전동부에는 각각 13매의 소찰이 있는 것으로 복원할 수 있다. 좌전동부와 우전동부 사이 간격이 매우 넓으므로 이 찰갑의 개폐부는 전동부 중앙에 있었을 것으로 보인다.

좌전동부, 후동부, 우전동부의 가장자리 소찰들은 출토상태에서 볼 때 서로 직접적으로 연결되지 않고 일정 공간이 비워져있었던 것으로 보인다. 이 공간은 인체의 양 옆구리에 해당하는 부위이다. 복천동 34호묘의 찰갑 중 종방향으로 꺾여 찰갑의 곡률을 잡아주는 소찰이 있는 것처럼, 이 찰갑에서는 양 옆구리에는 일정한 간격을 두어 곡률을 잡아준 것

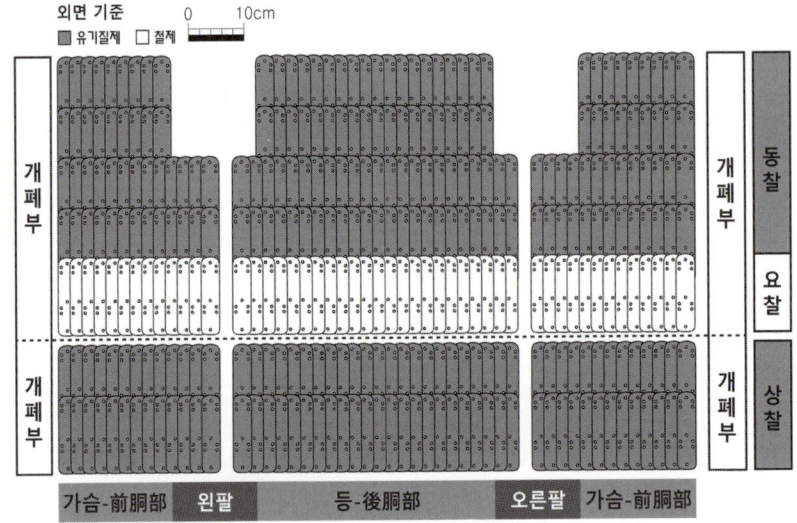

[그림 28] 복천동 21·22호묘 출토 찰갑 전개 모식도

[그림 29] 복천동 21·22호묘 출토 찰갑의 3D모델링

84 가야의 비늘 갑옷

으로 보인다.

　위의 찰갑들과 마찬가지로 신체 크기를 계산하면, 철제 소찰로 된 요찰을 중심으로 위쪽에는 유기질제 동찰이 4단, 아래로 유기질제 상찰이 2단 있었을 것으로 추정할 수 있다. 동찰의 제 1단과 제 2단은 팔이 있는 위치에 일부 소찰들이 생략되었을 것이다(그림 28, 29).

2. 특징

　복천동 34호묘는 5세기 1/4로 편년되는 유구로 찰갑 소찰의 크기가 이전 시기 복천동 38호묘와 44호묘의 것에 비해 작아지고 세장해졌다(그림 30). 즉 더 많은 소찰들이 더 많이 중복되어 방어력을 상승시키는 효과가 있다. 신갑도 동찰, 요찰, 상찰에 사용된 소찰들을 구분하며 연결기법도 달리하여 각 부위를 명확하게 구분한다. 또 동찰에서 확인된 꺾여진 소찰(그림 30-특수찰 1, 2) 등에서 볼 때 이 찰갑에서는 신체 곡률이나 특징을 소찰에 적극적으로 반영하여 제작한 것으로 보인다. 투공이나 재단 상의 실수 없이 소찰들이 규격화[19]된 점도 특징이다. 즉 찰갑의 제작 기술이 발달된 것이다. 이외에도 찰갑의 개폐부가 중앙으로 이동하는 등 이전 시기 찰갑과는 여러 면에서 차이점을 보이고 있다. 박준현·김성호·김재휘(2018: 109-110)는 이 찰갑이 5세기 1/4에 갑주 전환기적 양상을 보여주는 것으로 판단하였다.

　소찰 크기의 축소로 인한 방어력 증대, 신갑의 부위 구분, 특수한 위치에 사용되는 소찰, 소찰의 규격화, 찰갑의 중앙개폐(⊂동환식 찰갑)로

---

[19] 소찰의 규격화란 같은 부위에 사용된 소찰의 평면형태, 크기, 투공배치가 일정해지는 것을 의미한다. 복천동 38호묘 찰갑의 소찰은 규격화되지 못한 것으로 같은 부위에 사용된 소찰임에도 서로 차이가 크다. 반면 44호묘 출토 찰갑은 어느 정도 규격화되어 있다. 즉 4세기 후반부터 소찰의 규격화가 시작된 것으로 보인다.

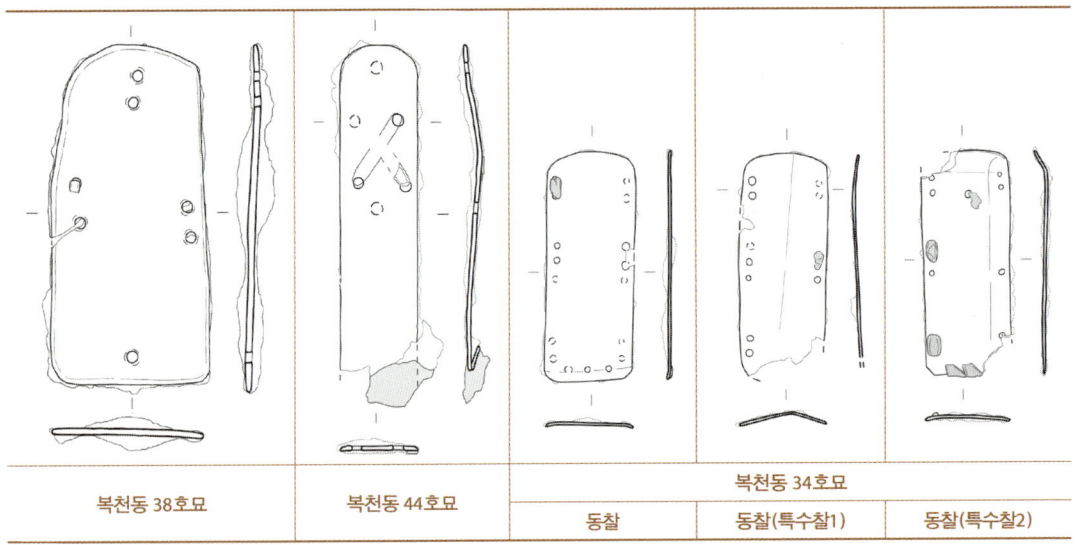

[그림 30] 복천동 38호묘, 44호묘 출토 찰갑과 복천동 34호 출토 찰갑의 소찰 비교(동일 축척)

정리할 수 있는 이 찰갑의 특징은 이후 시기 찰갑에서도 대체로 나타나는 특징이다. 즉 이후 시기 유행하는 찰갑의 구조상의 특징이 이 시기에 어느 정도 정형화되었다고 볼 수 있다. 이 유구의 시기로 보았을 때 이러한 특징이 나타나게 된 계기를 고구려 남정에서 찾을 수 있다(박준현·김성호·김재휘 2018).

세부적인 차이는 있겠으나 복천동고분군의 대표적인 5세기대 철제 찰갑인 학소대 1구 2·3호묘와 복천동 10·11호묘 출토 찰갑 역시 전체적인 구조는 복천동 34호묘 찰갑과 유사하다고 판단된다(그림 31). 소찰이 규격화된 점, 동찰·요찰·상찰에 각각 다른 소찰과 연결기법을 사용하여 구분하는 점, 중앙중첩된 소찰을 중심으로 좌우로 소찰을 연결한 점, 찰갑의 양 협부·최상단 등에는 소찰을 꺾어 신체 굴곡을 맞추거나 특수 기능을 하게 한 점이 34호묘로 대표되는 5세기대 철제 찰갑의 특징이라 할 수 있다.

한편 복천동 21·22호묘나 15호묘, 복천동 (동)2호묘, (동)8호묘 출토 찰갑은 경갑과 철제 요찰만 출토된 유기질제 혼용 찰갑이다. 이 중

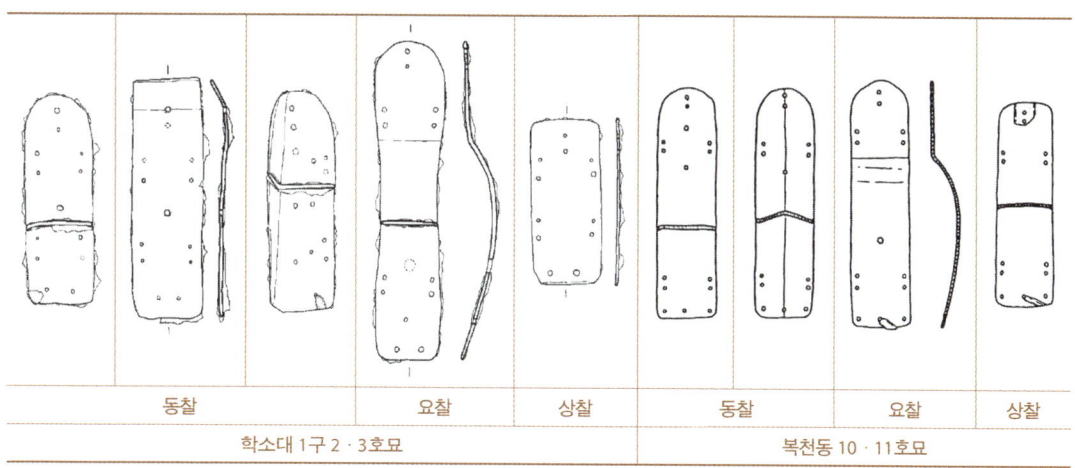

	동찰	요찰	상찰	동찰	요찰	상찰
	학소대 1구 2·3호묘			복천동 10·11호묘		

[그림 31] 학소대 1구 2·3호묘, 복천동 10·11호묘 출토 찰갑 소찰(동일 축척)

	철제 찰갑	유기질제 혼용 찰갑
복원모델	복천동 34호묘	복천동 21·22호묘
출토 유구	복천동 34호묘, 10·11호묘, 학소대 1구 2·3호묘	복천동 15호묘, 78호묘, (동)2호묘, (동)8호묘
찰갑 재질	철제	유기질제+철제
투공 배치	2공1조	1공1조(+2공1조)
중첩 방식	중앙중첩	좌중첩(+우중첩, 중앙중첩)
개폐 부위	전동개폐	우협개폐(+전동개폐)
찰갑 부위	전신	상반신+하반신

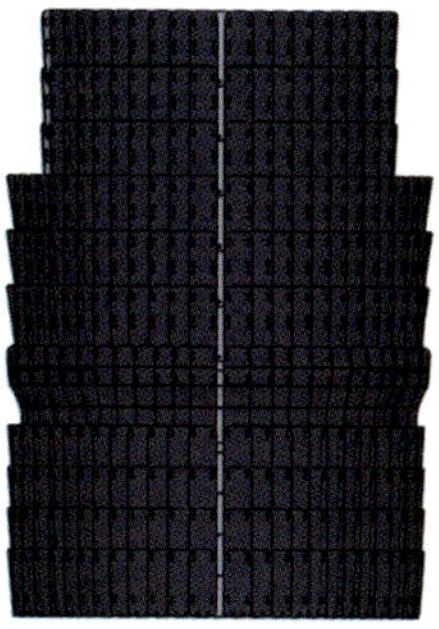

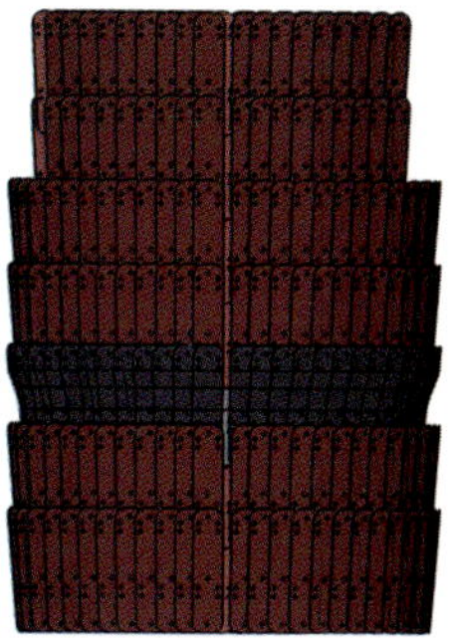

[그림 32] 5세기대 찰갑의 특징

21·22호묘 찰갑은 중앙중첩된 소찰 없이 전동부는 우중첩, 후동부는 좌중첩되는 방식으로 소찰을 연결하였다. 수결공의 배치나 수결기법은 복천동 44호묘의 찰갑과 동일하다. 즉 한 방향으로 중첩되는 것, 수결공의

배치와 수결기법이 복천동 44호묘와 동일한 것에서 볼 때, 이 찰갑은 4세기대 찰갑, 특히 유기질제 혼용 찰갑의 전통을 계승한 것으로 판단할 수 있다. 다만 4세기대 유기질제 혼용 찰갑과는 달리 개폐방식이 전동개폐로 확인되고, 중첩방식에서 좌중첩과 우중첩이 같이 사용되거나 중앙중첩((동)2호묘와 (동)8호묘)이 확인되는 등 새로운 요소들이 나타난다(그림 32).

V. 맺음말

이상에서 복천동고분군 출토 찰갑의 구조복원을 시도하였다. 찰갑의 소찰구성, 연결기법, 출토상태를 분석하여 복원 모식도와 3D 모델링 안을 제시하였다. 발표문에서는 출토상태가 좋거나 복원에 용이한 찰갑들을 선별하여 복원하였고 이를 통해 출토상태가 좋지 못한 자료들에 대한 구조 추정도 시도해보았다.

4세기대 찰갑은 크게 철제 찰갑과 유기질제 혼용 찰갑으로 나누어 복원할 수 있었다. 양자는 재질뿐만 아니라 투공배치 등에서도 차이가 있었다. 5세기대 역시 철제 찰갑과 유기질제 혼용 찰갑이 모두 존재하였다. 4세기대 찰갑을 계승하는 요소들도 확인되지만, 5세기대 들어 새롭게 확인되는 요소들도 있었다. 5세기대 복천동고분군 찰갑에서 새로운 요소들이 출현하는 배경에는 고구려군 남정이라는 역사적 사실이 있었을 것으로 보인다.

이 복원안에 보완되어야 할 점들과 한계점이 존재하는 것은 분명하다. 특히 찰갑의 크기 등은 지속적으로 토론이 이루어져야 할 부분들이 많이 남아 있다. 다만 본 발표문에서는 모식도와 3D모델링을 통해 찰갑 구조복원을 시도하였다는 것에 의의를 두고자 한다.

참고문헌

김성호, 2019, 「복천동 44호묘 출토 찰갑의 구조와 특징」, 『福泉洞古墳群XI』, 釜山大學校博物館.
金榮珉, 2000, 「嶺南地域 板甲에 대한 再考」, 『蔚山史學』 제9집.
김재휘, 2019, 「삼국시대 영남지역 상반신찰갑 연구」, 부산대학교 석사학위논문.
김혁중, 2010, 「7. 札甲」, 『東來福泉洞古墳群-第5次發掘調査38號墳』福泉博物館.
金赫中, 2018, 「新羅·加耶甲冑의 考古學的 硏究」, 慶北大學校文學博士學位論文.
김혁중, 2019, 「삼국시대 영남지역 유기질제 혼용 찰갑의 기술계통과 특징」, 『嶺南考古學』83.
박준현·김성호·김재휘, 2018, 「동래 복천동 34호묘 출토 갑주 구조복원 연구」, 『영남고고학』81.
福泉博物館, 2010a, 『韓國의 古代甲冑』.
福泉博物館, 2010b, 『東萊福泉洞古墳群』.
釜山大學校博物館, 1990, 『東來福泉洞古墳群 II』.
송정식, 2010, 「동북아시아 찰갑의 기술계통 연구 -4세기대 영남지역 찰갑 고찰을 위한 시론-」, 『야외고고학』9.
송정식, 2012, 「가야 종장판갑의 장식적 요소와 상징적 의미」, 『양동리, 가야를 보다』 국립김해박물관.
우순희, 2001, 「IV고찰-3. 甲冑자료에 대한 검토」, 『東萊 福泉洞 鶴巢臺古墳』, 부산대학교박물관.
유희경·김문자, 1999, 『한국복식문화사』, 교문사.
이현주, 2008, 「三國時代의 甲冑」, 『한국과 일본의 무구』宮崎縣立西都原考古博物館.
이현주, 2010, 「한국 고대갑주연구의 현황과 과제」, 『韓國의 古代甲冑』福泉博物館.
한국과학기술연구소, 1980, 『산업의 표준치 설정을 위한 국민표준체위조사연구 보고서』.
황수신, 2011, 「삼국시대 영남 출토 찰갑의 연구」, 『한국고고학보』78.

「동래 복천동고분군 출토 찰갑의 3D 구조복원」에 대한 토론문

박준현 합천박물관

발표자는 동래 복천동고분군에서 출토된 모든 시기 찰갑의 구조와 특징에 대해서 검토하고 찰갑의 구조를 이해하기 쉽게 3D 모델까지 제시하였습니다. 현재 소찰 연구가 중심인 찰갑의 연구에서 전체적인 구조 복원의 중요성을 다시 느꼈습니다. 그리고 발표자가 전체적인 구조복원을 위해 얼마나 많은 고민과 노력을 했는지 알겠습니다. 하지만 발표자와 관점을 달리하는 부분과 의문 사항이 있어 토론문을 통해 질문하겠습니다.

1. 찰갑에 적용된 수결기법(그림 3)을 열 수결, 열단 수결, 단 수결의 총 3가지로 나누고 있습니다. 수결기법은 찰갑의 계통과 시기성을 반영할 가능성이 높은 제작기법으로 그 복원은 매우 중요하다고 생각합니다. 복천동고분군 출토 찰갑 또는 이외의 삼국시대 찰갑에서 단 수결이 적용된 예가 있는지 알고 싶습니다.

2. 4세기 찰갑의 길이는 복천동고분군 출토 판갑의 높이를 참고하여 41~47cm 내외로 파악하였습니다. 하지만 판갑과 찰갑은 착장자의 방어 범위가 다를 가능성이 높다고 생각합니다. 그 예로 포항 마산리 2호분에서 출토된 찰갑의 높이는 87cm로 발표자께서 제시한 높이와는 많은 차이를 보입니다.[1] 이 부분에 대해서는 어떻게 생각하시는지 의견을 부탁

---

1 한국문화재보호재단, 2013, 「포항 마산리 149-4번지 유적」, 『2011년도 소규모 발굴조사 보고서』 IX, p. 323.

합니다.

    3. 복천동 21·22호분 출토 유기질제 혼용찰갑은 출토 상태를 토대로 좌·우 전동부와 후동부의 세부분으로 나누어진다고 복원(그림 27, 28)하였습니다. 종장판갑은 3부분으로 나누어지더라도 혁대경첩으로 각 부분을 고정할 수 있지만, 찰갑의 경우 나누어진 부분의 연결이 어렵다고 생각합니다. 혹시 찰갑의 협부에서 나누어지는 부분은 어떤 연결을 상정하는 것인지 궁금합니다.

    그리고 이 형태는 보고된 요찰의 실측도면(그림 23-1)과는 다른 모습입니다. 이 경우 보고서에 수록된 실측도를 어떻게 파악해야 하는지 의견을 구합니다.

3

옥전고분군 출토 찰갑의 구조와 의미

김혁중 국립김해박물관

I. 머리말
II. 옥전고분군 출토 찰갑의 구조
　1. 출토 자료의 분석
　2. 특징과 의미
III. 맺음말 - 향후 연구 과제

I. 머리말

　　옥전고분군은 가야 갑주를 연구하는 데 매우 중요한 자료를 제공한다. 가야 유적에서 갑주가 출토된 사례는 적지 않다. 그러나 필자가 그렇게 판단하는 이유는 5세기대 이후 단일 고분군에서 옥전고분군처럼 다양한 갑주를 잘 보여주는 조사 사례가 현재까지 드물기 때문이다. 또한 6세기대 갑주는 가야를 포함하여 삼국시대에 여러 유적에서 출토 사례가 드물고 해당 자료가 이 고분군에는 포함되어 있어서 갑주 문화를 이해하는 데 매우 중요한 위치를 차지한다.

　　가야가 신라나 백제에 비하여 다양하고 풍부한 자료를 가지고 있지만 우리 학계에서 이를 복원하는 노력은 매우 빈약했다고 보아도 과언이 아닐 것이다. 그중에서 가야 후기라고 구분하고 있는 이 시기의 찰갑에 대한 연구는 다른 분야의 유물 연구와 비교하여도 논의가 활발하지 못하였다. 그러한 상황에서 옥전고분군 출토 찰갑에 대한 연구사는 깊이 있는 고찰을 통한 정리가 어려운 상황이다. 그렇지만 당시 옥전고분군을 조사한 경상대학교박물관 조사단은 여러 가지 어려운 상황에서도 당시까지 알려진 연구 성과를 반영하여 찰갑의 구조를 보고서 본문에 충실히 언급하고 있다. 다만 찰갑의 구조에 대한 좀 더 상세한 고찰이 이루어지지 못한 부분은 아쉬움이 남는다.

　　본고가 옥전고분군 출토 찰갑의 완전한 구조를 밝혀낼 수 없다. 그렇지만 가야를 포함한 영남지방 출토 찰갑에 대한 종합적인 고찰(황수진 2011)은 옥전고분군 출토 찰갑의 구조에 대한 실마리를 어느 정도 논의하는 데 도움을 주는 자료로 판단된다. 따라서 이번 논고는 현재까지 밝혀진 보고를 바탕으로 기왕의 찰갑 연구를 참고로 부분적으로나마 구조를 밝혀내려는 것에 목적이 있다. 이에 필자는 옥전고분군 보고서에 보고된 내용을 기본으로 하되 최근 연구 성과를 비교한 후 특징 등에 대해서도 개인적인 의견을 더하고자 한다.

II. 옥전고분군 출토 찰갑의 구조

1. 출토 자료의 분석

본고가 대상으로 하는 옥전고분군 출토 찰갑은 경상대학교박물관이 1985년도부터 1992년까지 발굴조사한 범위의 자료이다. 최근 한빛문화재연구원(2020)에서 조사한 고분에서 출토한 찰갑이 있으나 현재 정확한 양상을 알기는 어렵다. 경상대학교박물관이 조사한 옥전고분군 출토 찰갑 현황은 〈표 1〉과 같이 정리할 수 있다.[1]

〈표 1〉은 옥전고분군에서 출토된 찰갑의 양상을 다른 종류의 갑주 부장 상황과 시기 그리고 수량을 정리한 것이다. 찰갑은 II기부터 확인된다. 이 시기는 옥전고분군 출토 자료와 묘제 분석을 통하여 옥전고분군이 가야의 소국이었던 다라국으로 성립하는 시기로 이해하고 있다(조영제

[표 1] 옥전고분군 출토 찰갑 현황

연번	출토고분	공반 갑주	시기[1]	찰갑 수량
1	옥전 67-B호분	종장판주 1	II	1건
2	옥전 5호분	-	III	1건
3	옥전 28호분	판갑 1, 마갑 1, 마주 1	III	1건
4	옥전 35호분	종장판주 1, 마주 1	III	1건
5	옥전 M1호	종장판주 3, 마갑 1, 마주 1	III	2건
6	옥전 M3호	소찰주 1, 종장판주 1, 마주 2	IV	2건
7	옥전 M7호	-	IV	?

....
1 옥전고분군 출토 찰갑의 부장 시기는 조영제의 논고(2007)를 참고하였으나 본고의 절대 연대에 이를 동의하는 것은 아니며 상대 연대만 참고하였다.

2000: 343). 이 시기를 이렇게 판단한 이유는 앞 시기에 확인된 고고자료가 Ⅱ기와는 크게 다른데 그렇게 변화한 이유는 외부 유입에 의한 변화이며 이를 다라국의 성립 계기로 볼 수 있다는 견해이다. 더 나아가 그는 외부 유입의 주체를 김해·부산 지역에 있던 어떤 소집단으로 구체화하였다(조영제 2000: 369). 필자는 이러한 견해에 동의하지 않는다. 동의하지 않는 이유에 대해서는 그의 발표문에 대한 토론문에 잘 정리되어 있다(이희준 2000: 371~382). 다만 앞 시기의 양상과 비교하여 이 시기부터 부장품에 찰갑이 확인되는 변화가 있다. 그러나 이전 시기부터 영남지방에 찰갑의 존재는 확인되며 반드시 김해·부산 지역에서 이러한 갑옷을 수용했다는 적극적인 증거는 찾아보기 어렵다.

이 〈표 1〉에서 부속갑은 공반 갑주에 포함하지 않았는데 또 다른 갑옷인 판갑과 관련이 있을 수 있지만 대부분 찰갑의 부분으로 판단하였다. 특히 경갑은 그러한 부속갑이다. 〈표 1〉에 언급하지 않았지만 경갑만 확인된 고분으로 옥전 23호, 70호가 있다. 이 갑옷은 보고서에 언급한 것과 필자가 발표한 논고(김혁중 2019)를 참고한다면 유기질 혼용찰갑의 일부 혹은 유기질제 찰갑의 부속갑일 가능성이 있다. 그러나 이는 출토 정황에 대한 검토일 뿐 유물에 대한 분석 등으로 좀 더 상세한 근거의 보완이 필요하다. 따라서 본고는 이러한 찰갑의 형태를 분석의 범주에서 제외하고자 하며 M7호 출토 찰갑도 자료가 빈약하여 이번 논고에서는 검토에서 제외하겠다.

1) 옥전 67-B호

발굴조사보고서(경상대학교박물관 2000)는 소찰의 위치를 요찰, 동찰, 상찰, 상박찰로 구분하였다. 이렇게 구분하는 기준은 출토 상태를 근거로 한 것이다. 옥전 67-B호는 옥전고분군에서 출토된 다른 찰갑보다 소찰의 위아래 겹침이 잘 확인된다(그림 1-2~4). 더 나아가 각 부위의 겹침 상태도 보고하고 있는데 상찰은 위아래 겹침이 모두 4단이고 동찰은 6단으

[표 2] 옥전 67-B호 출토 찰갑 상세

구분	평면	단면	크기(길이, 넓이)[cm]	단수	비고
요찰	상원하방	S	6.1~6.4, 3.0		
동찰	상원하방	일자	6.1~6.4, 3.0	6단	
상찰	상원하방	일자	동찰 동일 크기 ?	4단	
상박찰	상원하방	일자	4.9, 2.8		
경갑 ?	장방형		5.5~6.5, 2.6~3.2		

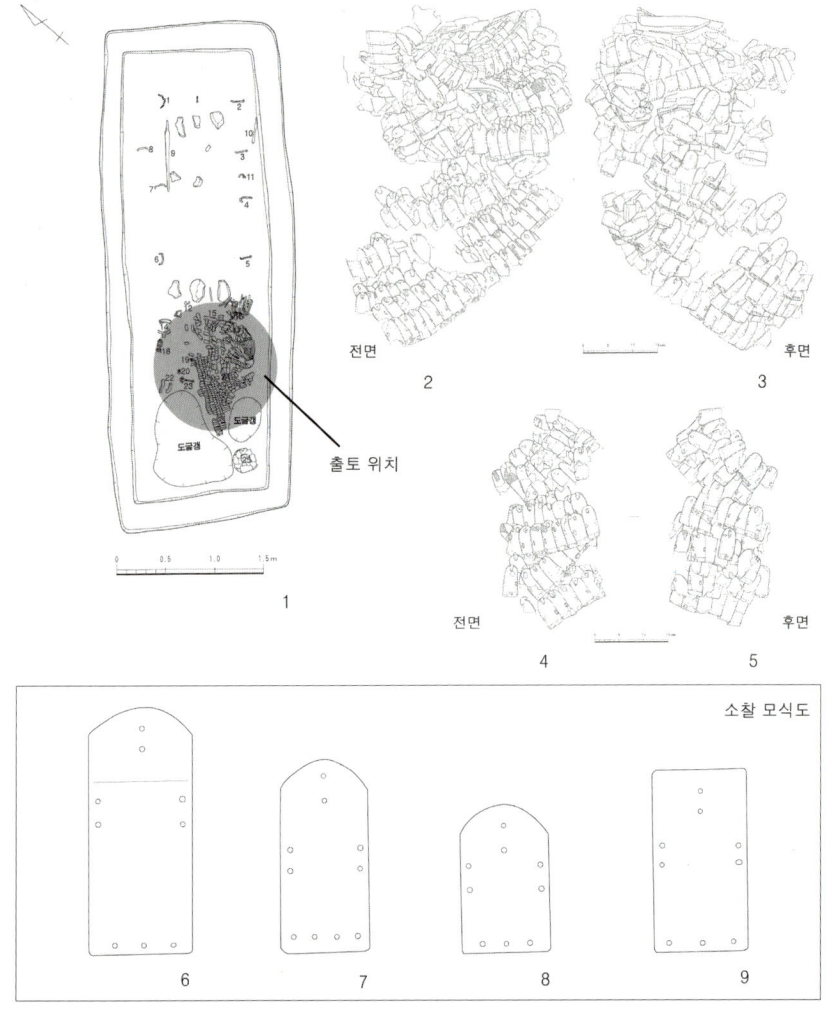

[그림 1] 옥전 67-B호 출토 찰갑

로 구성되어 있다고 하였다. 물론 유구 도면에 표시된 도굴 흔적을 감안하면 단 수가 정확하다고 할 수는 없다.

　　찰갑의 전체 단 수는 현재 자료로 정확하게 파악할 수 없다. 다만 최근 김성호는 송정식의 논고(2012)에서 종장판갑의 높이를 정리한 자료를 참고하여 길이를 추정한 바 있다(2020: 39). 여기서 동찰의 길이를 41~47cm로 보았는데 이러한 추정 길이는 보고서에서 언급한 6단과 크게 다르지 않다고 판단된다.

　　그런데 최근 삼국시대 찰갑을 정리한 연구논문 중에서 보고서에 기록된 내용과 조금 다른 견해도 있어서 눈여겨볼 필요가 있다. 그 논문은 보고서에 기록된 상찰의 길이(6.1~6.4cm)가 동찰보다 조금 더 긴 것(7cm)으로 언급되어 있다(황수진 2011).

　　이 찰갑은 다행스럽게도 요찰을 기준으로 위와 아래의 소찰 형태를 잘 알 수 있다(그림 1-4). 요찰이 정해지면 출토상태를 참고하여 동찰과 상찰로 나누는 판단이 자연스럽게 가능하다. 그렇지만 모든 소찰의 성격을 보고서와 연구논문에서 언급하지 않았다. 성격이 명확하지 않은 이 소찰은 상박찰로 판단되는 소찰 주변에 있는데 형태가 장방형이며 모두 19매가 확인된다. 필자는 소찰이 나열된 위치와 소찰의 배치 등을 고려하면 경갑에 해당될 가능성이 높아 보인다. 그러나 경갑으로 단정짓기에는 전체 길이가 짧아서 기왕의 자료와는 큰 차이를 보이기에 그 성격에 대해서는 이번 논고에서 판단을 유보해 둔다.

　　옥전 67-B호 소찰은 모두 상부의 가운데가 1열이며 2공 1조의 투공을 뚫었다. 이를 감안하면 찰갑 형태는 동찰과 상찰이 서로 분리되는 구조보다 전체가 위아래로 연결되는 일체형으로 판단하는 것이 자연스러워 보인다. 옥전고분군 출토 찰갑의 수결공 배치를 종합적으로 보면 이와 다른 배치도 있어서 찰갑 구조가 분리형과 일체형으로 나눌 필요가 있다고 판단되며 옥전 67-B호 출토 찰갑은 일체형일 가능성이 높다.

2) 옥전 5호분

발굴조사보고서(경상대학교박물관 1999)는 그 성격이 분명한 요찰을 제외하고 다른 소찰은 형태에 따라 A~D형으로 구분하였다. 필자의 입장에서 찰갑 연구에 대한 정보의 아쉬움을 토로하자면 자세한 찰갑의 출토 상태 도면이다. 그렇게 보는 이유는 〈그림 2-2〉를 보건대 찰갑을 구성하는 소찰의 위치가 원래 자리를 잘 드러내고 있는 것도 있어서 이를 기준으로 형태별로 구분한 소찰의 위치도 보고서에서 같이 언급하였다면 향후 연구에 많은 도움을 주었을 것이다. 다시 말해 조사단이 소찰을 수습하면서 당시 보고서에 분류된 소찰을 기준으로 위 아래 연결 상황을 면밀히 살펴서 보고하였다면 옥전 67-B호처럼 동찰과 상찰을 구분하는데 도움을 줄 수 있었다고 판단된다.

〈표 3〉은 보고서에서 언급한 유형을 특징별로 정리한 것이다. 소찰의 위치를 보고서에서 언급하지 않았지만 기왕의 자료를 비교하여 소찰 일부를 동찰로 보는 견해도 있다(황수진 2011). 이것은 소찰 분류 중 A형과 B형 소찰 중 하나로 추정된다. 그리고 요찰을 두 가지로 구분하였는데 차이점은 수결공과 평면의 크기이다.

발굴조사보고서에 따르면 요찰은 모두 57점으로 보고하였다. 그런데 필자가 경상대학교박물관에서 소장한 자료를 실견한 바로는 크기가 상대적으로 크고 수결공이 한 개 더 있는 요찰(그림 2-4)은 1점 밖에 없다. 그렇다면 이렇게 다른 요찰은 어떻게 볼 수 있을까. 다른 소찰들의 부위

[표 3] 옥전 5호분 출토 찰갑 상세

구분	평면	단면	크기(길이, 넓이)[cm]	비고
요찰	상원하방	Ω	9.9~10.2, 1.7~2.7	
A형	상원하방	일자	5.8~6.0, 2.2	80점
B형	상원하방	일자	6.0, 2.0	109점
C형	상원하방	일자	5.7, 2.1	97점
D형	상원하방	일자	5.6~6.0, 2.0~2.2	11점
-	장방형	일자	6.2, 3.5	2점

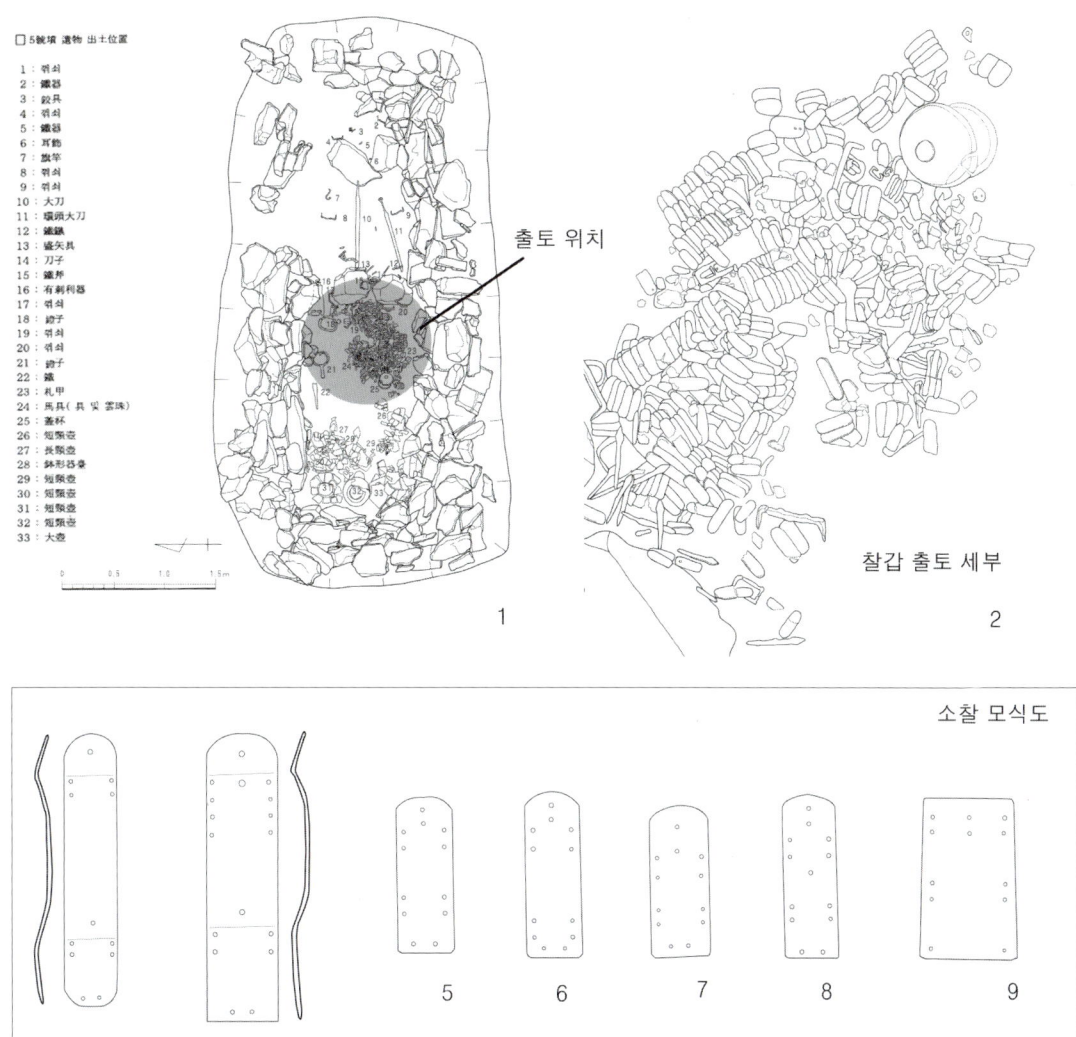

[그림 2] 옥전 5호분 출토 찰갑

를 정확하게 알 수 있는 근거는 없지만 요찰과 연결되는 다른 소찰들을 통해 그 성격을 유추해보자. 이 소찰들은 투공을 통해서 묶는다면 A~D형 중 A~C형과 D형으로 나눌 수 있다. 그 기준은 수결공이다. 요찰을 편의상 크기가 작은 것(그림 2-3)을 a, 큰 것을 b(그림 2-4)로 구분한다면 b는 수결공이 하나 더 자리하고 있으며 통상 제3수결공으로 보는 것이다.

이러한 제3수결공을 가진 소찰은 요찰을 제외하고 D형 소찰(그림 2-8)에만 있어서 이 소찰들만 한 세트로 묶는다면 별도의 찰갑이 하나 더 부장되었을 가능성도 고려해 볼 수 있다.

또한 찰갑을 구성하는 소찰은 모두 상원하방형인데 장방형으로 제작된 소찰(그림 2-9)도 2점이 있다. 이 소찰의 평면형태는 정확하게 살펴보면 사다리꼴 형태에 가깝다. 그리고 폭이 다른 소찰보다 1cm 이상 크기 때문에 연결하는 것도 쉽지 않다. 그러므로 찰갑이 아닌 갑옷이나 투구의 일부일 가능성도 있다. 그러나 옥전 5호분 출토 자료에서 찰갑을 제외한 다른 갑주가 부장된 사례가 없기에 다른 종류의 갑주로 단정하기 어렵다.

3) 옥전 28호분

발굴조사보고서(경상대학교박물관 1997)는 소찰 분류의 기준으로 동래 복천동 11호 출토 찰갑을 기준으로 분류하였다고 한다. 구분한 종류는 요찰을 포함하여 모두 4가지로 전체 구조를 살펴보는 데 매우 유용하다.

그런데 황수진(2011)은 발굴조사보고서에 제시한 상찰과 동찰을 다르게 보고 있어서 이에 대한 검토가 필요하다. 보고서에 분류한 동찰은 상찰보다 길이가 작은데 반하여 그는 좀 더 길이가 큰 소찰을 동찰로 보았다.

[표 4] 옥전 28호분 출토 찰갑 상세

구분	평면	단면	크기(길이, 넓이)[cm]	비고
요찰	상원하방	S	12.5~13, 2.5~3	40점
상찰	상원하방	일자	5.5, 3.5	260점
동찰	상원하방	일자	7.6~7.2, 2.8~3.2	160점
상박찰	상원하방	일자	3.8, 2.8 4.2~2.7 4.0, 2.0	10점 250점 20점
기타	상원하방	일자	9.3~9.6, 2.6	2점

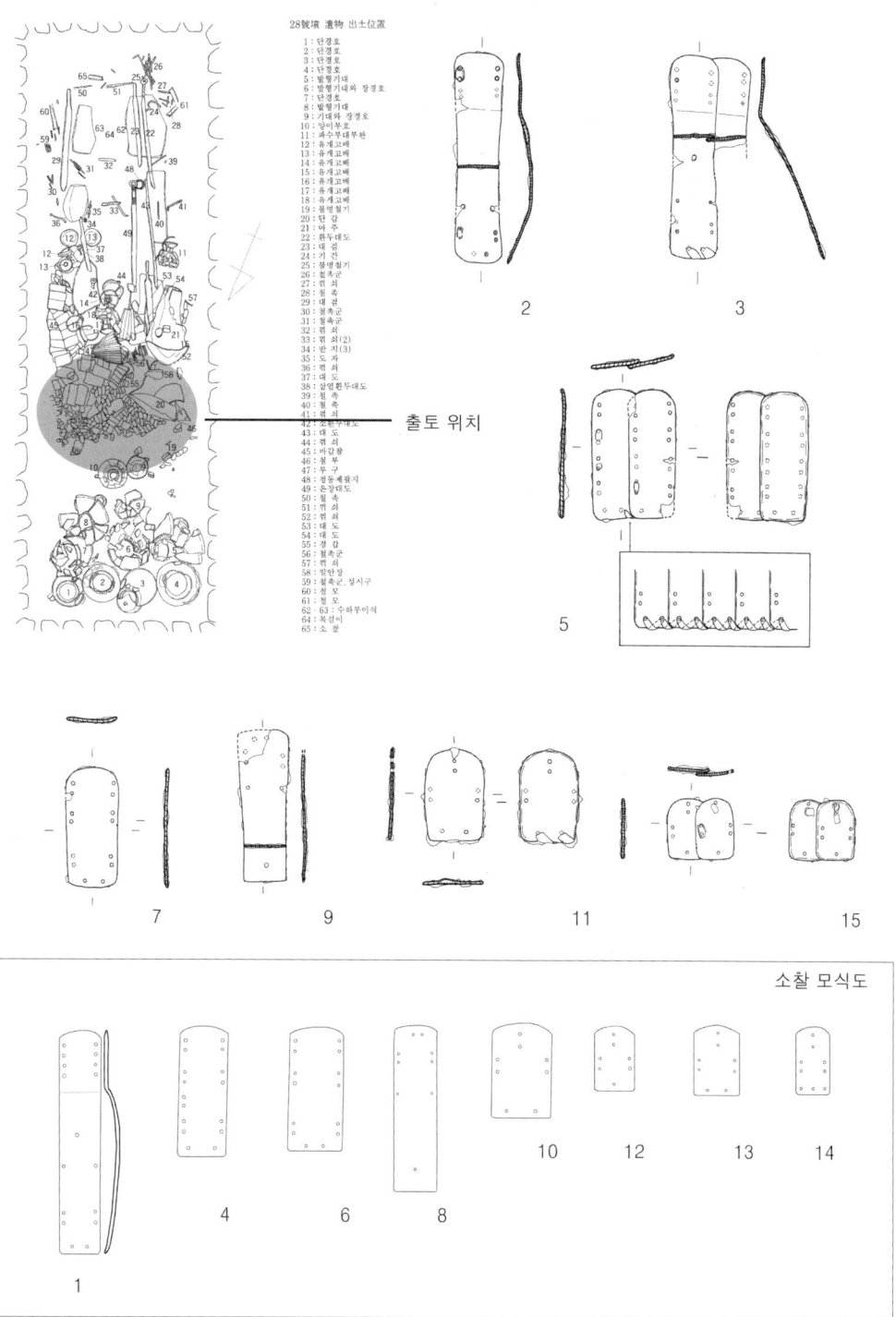

[그림 3] 옥전 28호분 출토 찰갑

여기서 주목할 부분은 수결공의 위치이다. 요찰은 상변과 중앙에 수결공이 확인되는데 상변은 수결공 위치가 2열이고 중앙은 1열이다. 이를 기준으로 한다면 황수진이 분류한 것처럼 현재 발굴조사보고서에 분류한 상찰은 동찰로 동찰은 상찰로 바꾸어야 할 것이다.

부위별 소찰의 단수는 보고되지 않았다. 다만 옥전 28호에서는 다른 갑주로 판갑이 출토되어 추정해 볼 여지는 있다. 만일 판갑의 크기가 무덤에 부장된 피장자의 신체와 같다면 찰갑의 부위별 단수를 추정해 볼 수 있을 것이다. 찰갑의 동찰 단수는 판갑의 후동부 높이는 44cm로 앞에서 언급한 김성호의 연구(2020: 39)를 참고한다면 6단 정도로 추정할 수 있겠다.

이와 더불어 필자는 찰갑의 구조를 복원하는데 요찰에서 확인되는 수결공 위치가 주목된다. 앞에서 옥전 67-B호 출토 찰갑 구조를 언급하면서 분리형과 일체형을 언급한 바 있다. 옥전 28호분 출토 찰갑은 요찰을 기준으로 동찰과 요찰을 한 세트로, 상찰을 다른 세트로 나누어 분리형일 가능성을 제기한다.

이외에도 상변에 투공이 나란히 있는 소찰이 2점 출토되었다(그림 3-8, 9). 정확한 위치를 알기 어렵지만 옆구리에 해당될 가능성도 있을 것이다. 이 찰갑은 부속갑으로 비갑도 갖추고 있다. 비갑의 형태는 세장한 철판으로 손등에 가까운 부분은 반원형이다.

4) 옥전 35호분

발굴조사보고서(경상대학교박물관 1999)는 요찰을 제외하고 소찰의 형태에 따라 A~D형으로 구분하였다. 이 중에 A형은 상박갑(상박찰), C형은 동찰, D형은 상찰로 구분하였다.

그런데 보고서에서 C형을 동찰로 본 것과 달리 B형을 동찰로 판단한 견해(황수진 2011)가 있다. 그 근거가 명확하게 서술되어 있지 않다. 필자가 보기에는 소찰의 수결공으로 구분이 가능하며 두 개의 그룹을 나눌

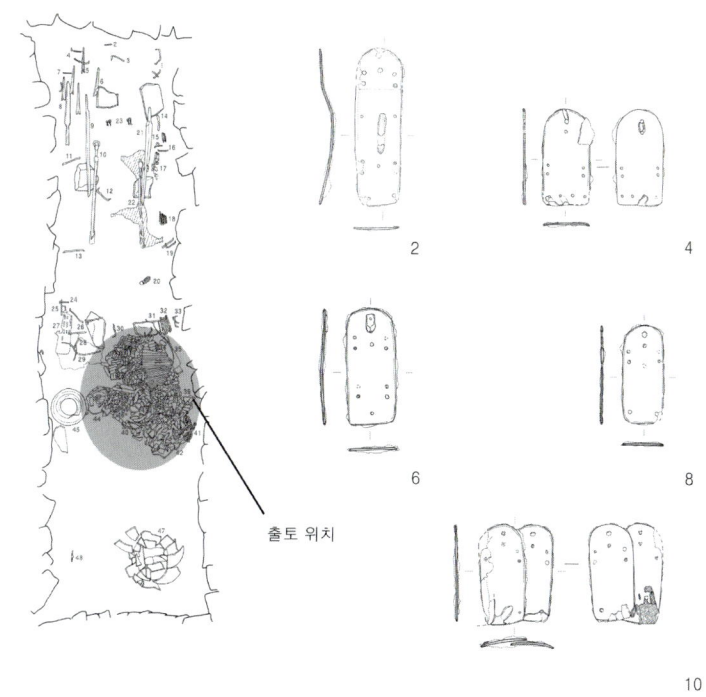

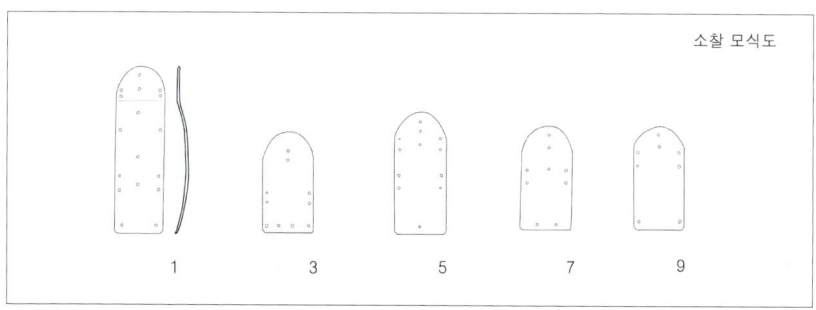

[그림 4] 옥전 35호분 출토 찰갑

수 있다. 우선 요찰을 제외하고 제3수결공이 확인되는 소찰은 B형과 C형이고 A형과 D형은 그렇지 않다. 이러한 기준을 따른다면 D형은 보고서에서 제시한 것처럼 상찰이 되기 어렵다. 그렇다면 B형과 C형이 동찰과 상찰에 해당된다고 추정할 수 있다. 그렇지만 이 두 유형의 소찰 중 어느 것이 동찰이고 상찰인지 현재 자료로는 판단하기 어렵다.

35호분 출토 찰갑은 부속갑으로 비갑도 확인된다. 이 비갑은 상원하방형의 소찰로 만들어진 손등을 가리는 부분까지 잘 남아 있다. 전체

[표 5] 옥전 35호분 출토 찰갑 상세

구분	평면	단면	크기(길이, 넓이)[cm]	비고
요찰	상원하방	S	10.8, 3.2	40점
A형 - 상박갑?	상원하방	일자	6.5, 3.4	157점
B형	상원하방	일자	7.6~7.9, 3.4	9점
C형 - 동찰	상원하방	일자	6.8, 3~3.3	25점
D형 - 상찰	상원하방	일자	6.7, 2.9	10점

적인 구조나 형태는 옥전 28호분 출토 비갑과 유사하지만 손등을 가리는 부분까지 남아 있어서 비갑 연구에 중요한 자료를 제공한다.

5) 옥전 M1호

발굴조사보고서(경상대학교박물관 1992)는 M1호에서 모두 2건의 찰갑이 확인된다고 되어 있다. 이 중 찰갑B는 상원하방형의 동일한 형태의 소찰군(길이 4.4cm, 폭 2.5cm)으로 분석하기 어려운 점이 있기에 찰갑A에

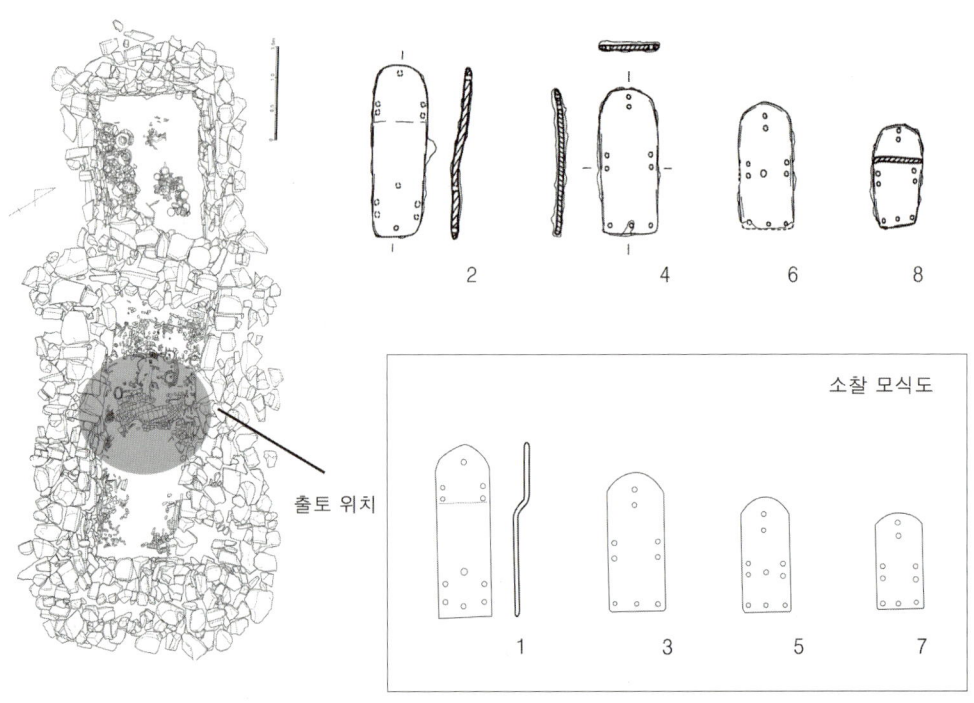

[그림 5] 옥전 M1호 출토 찰갑

[표 6] 옥전 M1호 출토 찰갑 상세

구분	평면	단면	크기(길이, 넓이)[cm]	비고
요찰	상원하방	S	8.1, 2.4	
동찰	상원하방	일자	6, 2.5	
상찰	상원하방	일자	5, 2.1	
상박찰	상원하방	일자	4.2, 2.1	

대한 검토만 하겠다. 경갑편이 일부 수착되어 있다는 보고서의 언급을 감안하면 이 소찰군의 성격은 상박찰 등을 고려해 볼 수 있지만 정확한 부위는 알 수 없다.

찰갑A도 출토 상태가 양호하지 않다. 이 찰갑은 요찰을 제외하고 소찰의 형태 차이가 크지 않고 출토 정황도 판단하기 어렵기에 동찰과 상찰로 각각을 나누어 판단하는 것은 쉬운 일이 아니다.[2] 소찰 중 상박찰로 판단되는 것(그림 5-7, 8)을 제외한 두 소찰의 큰 차이는 수결공이다. 상대적으로 작은 소찰은 제3수결공이 확인된다. 다만 동찰의 단 수가 좀 더 긴 것 등을 고려한다면, 수결하기 편리한 제3수결공을 가진 소찰(그림 5-6)은 동찰로 판단할 수 있다. 이외 옥전 M1호 출토 찰갑의 특징은 요찰에 있다. 이 요찰은 동일시기의 옥전고분군에서 출토된 찰갑보다 투공 위치가 간략하다. 이 요찰은 다른 찰갑들이 2개 이상인 것과 달리 투공을 상변에 하나 그리고 중앙에 하나로 간략하게 뚫었다.

부속갑은 찰갑A와 찰갑B 중 어디에 사용되었는지 알 수 없지만 비갑이 한 점 확인된다. 비갑의 형태는 앞에서 살펴본 옥전 28호와 옥전 35호 출토품과 매우 유사하다.

6) 옥전 M3호

발굴조사보고서(경상대학교박물관 1990)는 M1호에서 모두 2건의 찰

----
2 보고서(陜川玉田古墳群 Ⅲ: 33) 〈도면 20-7〉은 소찰 위아래가 연결된 소찰군을 실측해서 보고했지만 너무 간략하게 보고되어 그 양상을 정확하게 알기 어렵다.

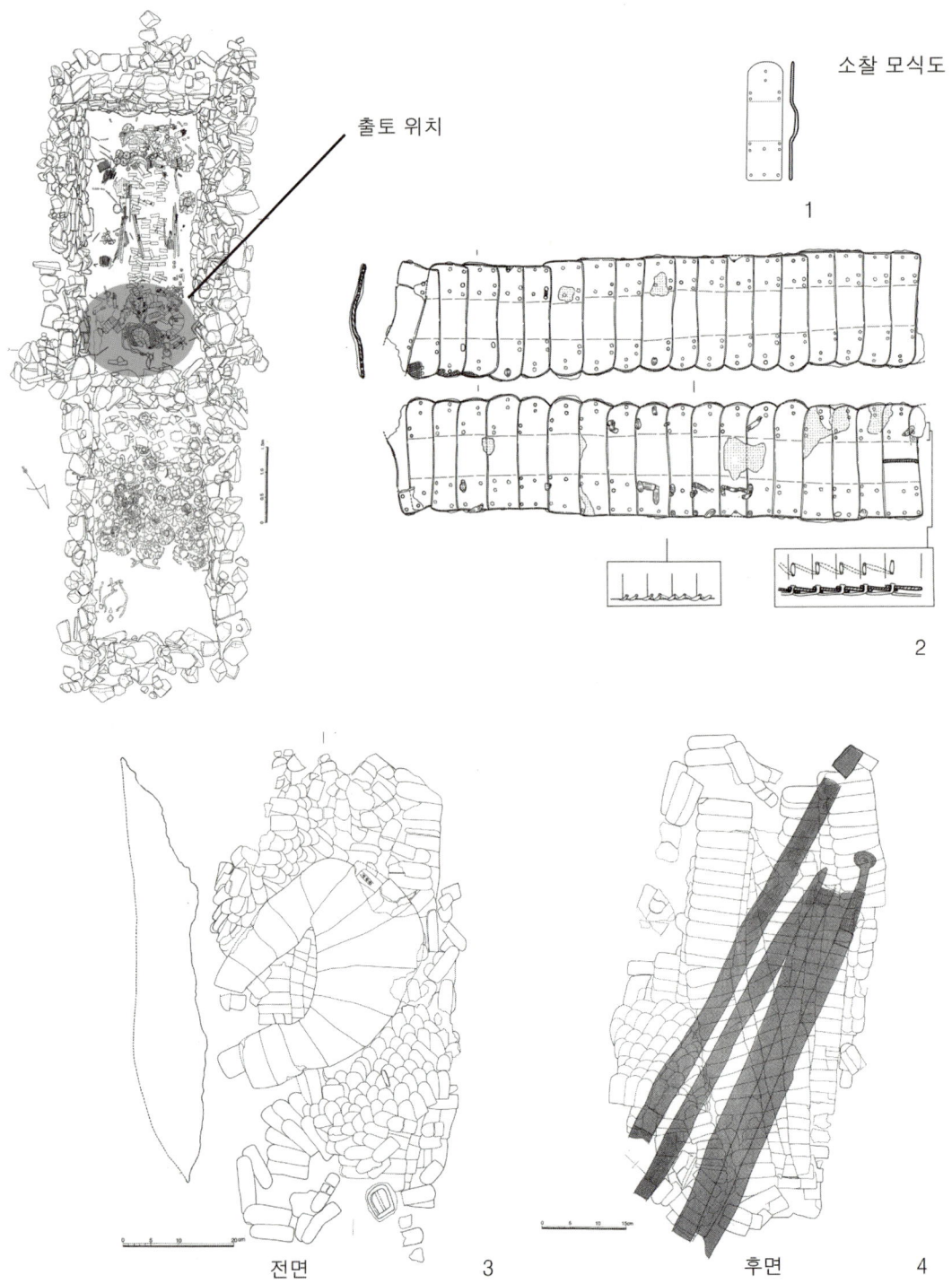

[그림 6] 옥전 M3호 출토 찰갑

[표 7] 옥전 M3호 출토 찰갑 상세

구분	평면	단면	크기(길이, 넓이)[cm]	비고
요찰	상원하방	Ω	8.5~9.1, 2.8	

갑이 확인된다. 이 중 찰갑A는 요찰만 확인(그림 6-2)되며 찰갑B는 개별 소찰에 대한 실측도가 없이 출토 상태에 대한 약측만 보고된 상태(그림 6-4)이다.

〈표 7〉은 찰갑A의 요찰에 대한 제원이며 모두 47매가 확인된다. 찰갑A는 요찰을 제외하고 다른 부위의 소찰은 확인되지 않는다. 필자는 이 갑옷은 경갑과 세트이면서 다른 부위를 가죽과 같은 유기질로 제작한 유기질제 혼용 찰갑으로 판단한다.

찰갑B는 보고서에 소개된 내용을 정리하면 다음과 같다. 우선 소찰은 2종류가 확인된다. 동찰은 모두 8단이며 각 단은 31매 이상으로 추정된다. 소찰 연결을 보기 위한 투공은 부식 등으로 막혀서 확인하기 어렵다. 소찰의 길이는 8.5cm, 폭은 3.3cm 정도이다. 동찰의 단 수가 다른 찰갑보다 긴 것은 착장자의 신체를 고려해 볼 수 있지만 소찰의 길이도 다른 것보다 상대적으로 길기 때문에 추후 검토될 필요가 있다. 어깨로 추정되는 부분은 모두 7단으로 구성된 소찰군이 확인된다. 이 소찰의 크기는 길이 5.3cm, 폭 3.3cm 이다.

2. 특징과 의미

옥전고분군은 고령 지산동고분군과 함께 대가야를 구성하는 계층 집단이 무덤으로 조성한 곳이다. 지산동고분군을 축조한 집단과 옥전고분군을 축조하는 집단은 양 집단의 관계나 성격을 이해하는 관점에 의견 차이가 있으나 두 집단이 대가야를 구성한 큰 축임은 그간의 고고자료로 살펴보면 분명해 보인다.

이에 이번 항은 앞서 살펴본 옥전고분군 출토 찰갑에 지산동고분군 출토 찰갑을 함께 비교하면서 넓게는 대가야 찰갑의 특징을 논하고 좁게는 옥전고분군 출토 찰갑의 특징과 의미를 살펴보고자 한다.

우선 옥전고분군 6기에서 출토된 찰갑의 특징을 간략하게 정리해 보고자 한다. 옥전고분군 출토 찰갑은 모두 동환식찰갑으로 판단된다. 찰갑을 구성하는 소찰 형태는 대개 상원하방형이나 장방형도 소량 확인된다. 동환식찰갑의 특징인 요찰의 단면은 거의 'S'자형이지만 'Ω'자형도 있다. 소찰을 연결하는 기법은 남아있는 흔적이 많지 않아서 정확하게 알기 어렵지만 연결을 위한 투공배치로 추정해볼 여지는 있다. 이 중에 수결공은 1열과 2열이 모두 확인되어 다양한 제작기법으로 찰갑이 제작되었음을 알 수 있다.

다만 옥전고분군에서 확인된 8건의 찰갑은 소찰의 크기나 투공 배치가 동일하지 않다. 이러한 점은 동일한 고분 내에서 나온 소찰에서 차이가 있고 비슷한 시기에 제작된 찰갑도 차이가 있어서 소찰 형태에 차이가 나는 이유는 시기에 따른 변화로 설명하기 어렵다. 다른 관점으로 그 의미를 찾는다면 소유의 제한 혹은 공인 집단의 차이를 언급할 수 있다. 그러나 찰갑이 부장된 고분은 대형분 중심으로 출토된 자료만을 가지고 당시 생산 체계를 분석하는 것은 한계가 있다. 다만 옥전고분군에서 출토된 갑주는 다라국의 성립 과정을 보여주는 주요한 여러 유물 중 한 가지로 언급하면서 김해·부산지역과의 관련성을 지속적으로 주장하기에 과연 두 지역 출토 찰갑 구조가 강한 유사성이 확인되는지도 검토될 필요가 있다.

우선 지산동고분군에서 출토된 찰갑을 간략하게 살펴보고자 한다. 지산동고분군은 현재까지 32호분, 44호분, 74호분, 75호분, 518호분 등 대형분을 중심으로 찰갑이 출토되고 있으며 관련 자료는 계속 증가하는 추세이다.[3] 이 중에서 518호분과 45호분 그리고 44호분은 도굴이 심하여 전체 구조를 정확하게 알 수 없어서 자세한 검토는 어렵지만 논의에 필요한 부분만 언급하고자 한다.

지산동고분군 74호분·75호분은 옥전고분군 67-B호 출토품과 더불어 대가야의 초기 찰갑 양상을 잘 보여주는 자료로 평가할 수 있다. 찰갑을 구성하는 소찰의 형태나 부속갑에서도 큰 차이를 보이지 않기 때문에 상호 영향을 받은 것으로 추정된다. 다만 소찰 위아래를 연결하는 수결방식은 차이점이 있는데 지산동고분군 74호분·75호분은 모두 제3수결공이 확인되기 때문이다. 또 다른 차이를 언급하자면 지산동고분군 75호분은 구성하는 소찰의 형태가 옥전고분군 67-B호 출토품보다 다양하기에 전체적인 구조가 좀 더 복잡했을 가능성도 고려해 볼 수 있다.

갑주 연구는 이제까지 양 고분군 출토 갑주를 대상으로 비교 분석을 시도한 적은 없다.[4] 따라서 이러한 작업은 대가야 권역내 갑주의 생산과 유통이라는 측면에서 검토될 필요가 있다. 또한 양 고분군의 갑주는 부장품이라는 성격에서 검토될 필요가 있다. 다시 말해 지산동고분군과 옥전고분군이 갑주 부장을 어떻게 다루었는지도 검토해 볼 필요가 있다고 생각된다.

지산동고분군 74호분과 75호분은 한 봉토내 순장곽을 가지고 있으면서 T자형으로 주곽과 부곽을 배치하여 축조하였다. 이 중에서 74호분은 찰갑이 주곽에서 출토되었으며 75호분은 부곽에서 출토되었다. 지산동 74호분의 주곽은 평면형태가 세장방형한 형태로 찰갑이 부장된 위치는 피장자의 아래쪽으로 추정된다. 지산동 75호분은 부곽에 부장된 토기들과 함께 부장되었는데 특별한 위치를 찾기는 어렵다. 다만 지산동 75

....
[3] 지산동고분군 출토 찰갑은 대동문화재연구원에서 조사한 중소형분인 A지구 제2호묘에서도 다양한 종류의 소찰이 출토된 바 있다.
[4] 양 지역은 옥전고분군과 지산동고분군내 출토량이나 부장양상을 통해 비교한 연구(김두철 2014)가 있지만 갑주를 상호 비교 분석한 연구는 현재까지 없다.

호분이 마갑이 출토되는데 마갑을 피장자의 아래쪽에 부장한 것으로 판단된다.

옥전고분군은 동혈주부곽식이면 피장자의 아래쪽에 부장하는 경향성이 보이며 토기 부장군과 다른 금속유물 부장군 사이에 찰갑을 부장하여 토기 부장군과 구분하는 경향이 있다. 따라서 양 고분군은 조금씩 차이는 있지만 피장자의 아래쪽에 일정한 공간을 두고 부장하는 양상은 유사하다.

이러한 부장양상의 유사점은 찰갑 부장이 많이 이루어진 복천동고분군과 비교하여도 지산동고분군과 옥전고분군의 유사성이 크게 두드러진다. 복천동고분군은 4세기대부터 찰갑이 부장되었는데 지산동고분군과 옥전고분군의 비슷한 시기에 축조된 고분군 내의 초기찰갑에서 이와 동일한 부장양상을 보이지 않는다. 일례로 학소대 1구 3호분에서 출토된 찰갑은 피장자 아래가 아니라 토기부장군 아래쪽에 부장되어 있으며 복천동 10·11호분 출토 찰갑도 장벽과 단벽 모서리에 부장되었다. 또한 복천동 34호분 출토 찰갑은 보고서에 의하면 곽 위에 펼쳐두었을 것으로 추정하였다.

모두에 언급하였듯이 다라국 중심고분군의 큰 변화가 있던 시기에 김해·부산지역의 영향을 언급하지만 개별 사례로 분석하면 영향을 주었다고 보기 어렵다. 특히 이 시기 큰 변화로 언급한 갑주의 대표적인 사례가 옥전 67-A 출토 찰갑인데 동시기 부산지역에서 출토된 찰갑과 비교한다면 차이점이 크다. 그러므로 대가야 갑주는 주변지역으로부터 기술 등을 수용하여 갑주 등을 제작하고 발전하였으나 특정지역으로부터 이주 등의 동인으로 생산되었다고 단정하기 어렵다. 이 부분은 앞 시기에 해당하는 자료가 좀 더 증가가 된다면 향후 해결될 것으로 보인다. 또한 대가야와 백제의 관계도 고려해 볼 필요가 있으므로 백제갑주의 자료 증가나 향후 연구도 이루어져야 한다.

III. 맺음말 - 향후 연구 과제

　　찰갑 연구에서 무엇보다 문제가 되는 부분은 대상품이 어떤 구조와 형태였는가가 불분명하다는 점이다. 이를 해결하기 위해서는 새로운 자료의 축적도 중요하지만 기왕의 자료를 대상으로 지속적인 복원안이 마련되어야 한다. 또한 복원 연구가 충분히 이루어지기 위해서는 실제 제작을 하여 그 결과나 데이터를 바탕으로 현재의 의문점과 문제점을 살펴보는 것이 필요할 것이다. 본고는 이러한 복원 연구의 기초 자료로 현재까지 보고된 자료를 종합하고 자료에서 확인되는 의문점을 중심으로 필자의 의견을 더하여 보았다.

　　그러나 소찰의 연결기법이나 위치를 알 수 없는 소찰 등 여러 가지 문제가 있음을 알 수 있었다. 이러한 점은 필자의 능력 부족이기도 하면서 옥전고분군 조사가 완료되었는지 20년이 지났지만 충실한 연구가 제대로 이루어지지 못한 상황도 있을 것이다. 이러한 문제점은 아무래도 재현품 제작을 통해 충분한 논의가 필요한 사항이다. 또한 동시기 찰갑 자료에서 확인된 새로운 사실은 향후 충실한 복원 연구에 큰 힘이 되기 때문에 실제 유물 관찰을 바탕으로 제작을 통한 복원 연구가 활발하게 이루어지길 바란다.

참고문헌

김두철, 2014, 「다라국의 무장-무기와 마구」, 『다라국, 그 위상과 역할』.
김성호, 2020, 「복천동 고분군 출토 찰갑의 구조와 특징」, 『가야의 찰갑-복원과 연구과제』2020 가야학술제전 발표자료집.
김혁중, 2019, 「삼국시대 영남지방 유기질제 혼용 찰갑의 기술계통과 특징」, 『영남고고학』83.
송정식, 2012, 「가야 종장판갑의 장식적 요소와 상징적 의미」, 『양동리, 가야를 보다』, 국립김해박물관.
조영제, 2000, 「다라국의 성립에 대한 연구」, 『가야 각국사의 재구성』, 혜안.
조영제, 2007, 『옥전고분군과 다라국』, 혜안.
황수진, 2011, 「삼국시대 영남 출토 찰갑의 연구」, 『한국고고학보』제78집.

경상대학교박물관, 1990, 『陜川玉田古墳群 Ⅱ』.
경상대학교박물관, 1990, 『陜川玉田古墳群 Ⅲ』.
경상대학교박물관, 1997, 『陜川玉田古墳群 Ⅵ』.
경상대학교박물관, 1997, 『陜川玉田古墳群 Ⅶ』.
경상대학교박물관, 1999, 『陜川玉田古墳群 Ⅷ』.
경상대학교박물관, 2000, 『陜川玉田古墳群 Ⅸ』.
대동문화재연구원, 2012, 『高靈 池山洞 第73~75號墳』.
대동문화재연구원, 2020, 『高靈 池山洞 大加耶古墳群 Ⅰ』.
한빛문화재연구원, 2020, 「합천 옥전고분군 정밀발굴조사 학술자문회의 자료집」.

「옥전고분군 출토 찰갑의 구조와 의미」에 대한 토론문

오광섭 울산문화재연구원

1. 67호 출토 찰갑과 같이 5세기 전엽의 자료에서는 제3수결공이 보이지 않습니다. 제3수결공의 존재 여부가 편년의 요소가 될 수 있다고 보십니까?

2. 5호분 출토 찰갑에서는 제3수결공이 있는 개체가 하나 밖에 확인되지 않습니다. M3호와 같은 상당 범위의 유기물 신갑이 존재하지 않는 이상, 동찰과 상찰이 분리되는 구조이기보다 착장시 상하열의 폭을 조정하는 등의 마감 개체로 보는 것이 타당해 보이는데 어떻게 생각하십니까?

3. 옥전 자료 중에 비갑이 확인되는 것이 28호, 35호, M1호 등의 자료가 있는데요. 거의 종장판주와도 공반하고 있습니다. 상원하방형 혹은 상방하방형 개체들이 대개 수미부(뒷목)가리개 혹은 비갑의 손등가리개로 인식되고 있는데요. 특별히 개체간 연결방식 등에서 구별되는 특징이 있습니까? 또한 일본측 자료와 같이 시간적으로 상원하방형 개체간의 상하 연결이 1열수결에서 2열수결로 바뀌는 양상이 옥전 혹은 한반도 찰갑에서도 확인되는지 궁금합니다.

4. 28호분 출토 찰갑에서 2열 수결공이 확인되고 있고, 횡장판갑(대금식판갑)과 공반되다보니, 지금도 2열수결공이 왜계 요소로 주장하는 경우가 있는데, 어떻게 생각하십니까?

4

古代札甲からみた倭と加耶

初村武寛 公益財団法人 元興寺文化財研究所

Ⅰ. はじめに
Ⅱ. 加耶と倭の札式甲冑
　1. 札甲
　2. 籠手
　3. 臑当
　4. 頸甲・襟甲と肩甲
　5. 冑・頬当・錣
　6. 日本列島で認められる朝鮮半島系甲冑
　7. 加耶地域における倭系札式甲冑
　8. 札式甲冑の受容・展開からみる加耶・倭の関係性
Ⅲ. おわりに

I. はじめに

　小札と呼ばれる小鉄板を多数使用する武具―札式甲冑、小札式甲冑―は、5世紀代に大陸・朝鮮半島より倭へもたらされた武具である。それぞれの地域で導入されて以降、次第に武具の中心として用いられてきたものである。

　ただし、これまでは資料の遺存状況の制約から、各資料の構造の把握やそもそもの用途の認識すら難しいという状況があった。

　近年、韓国・日本列島で、出土状況等良好な資料が出土していることに加え、既往の資料の再整理や研究者の認識の高まりに応じて、札式甲冑の基本的な構造の解明および既存の資料の再検討も合わせて進んでいる。

　微力ながら日本列島出土資料と加耶地域出土資料の比較から、両者の関係性を考える。

II. 加耶と倭の札式甲冑

　加耶地域より出土した札式甲冑としては、札甲(胴甲)、縱矧板冑、頬当、錣、襟甲、肩甲、籠手、臑当が存在する。

　一方で、日本列島より出土した小札式甲冑としては札甲(胴甲)、頬当、錣、襟甲、肩甲、籠手、臑当、膝甲がある。

　ここではこれらを対照しながら概観する。

1. 札甲

札甲の変遷については以下の諸属性について主に議論がなされている。

① 威技法・威孔列　威技法は、甲冑の部材を縦方向に繋ぐ技法の一つ。縦方向の部材は威紐を介して繋がっているだけなので、上下方向の可動性を有する特徴がある。倭系甲冑に存在する甲冑においては打延式錣・肩甲・草摺にのみ威技法が採用されているが、札式甲冑については大部分の武具に威技法が広く採用されている。

札式甲冑における威技法についてみると、倭においては導入当初からしばらくは綴付威や通段威a類を用いる。

第3威孔を有する各段威b類が主流となるのは6世紀中葉以降とみられる。これに対して加耶の札甲においては早くより第3威孔を有する威技法が採用されている点に違いがある。

小札の威孔列についてみると、加耶の札甲では威孔1列のものが多いのに対し、倭の札甲では威孔2列・1列を併存させている段階があり、しばらくすると威孔2列に統一される。

この威技法・威孔列については、変遷を考える上での指標として捉えられている属性である。特に、清水和明・内山敏行により整理・体系化されている(清水1993、内山1987・2003)。

② 腰札・草摺裾札の形状　小札甲に使用される小札は、大部分には断面形の湾曲しない平札が用いられるが、腰の部分(腰札)や草摺の裾(草摺裾札)には特殊な形状のものを使用することが知られている。

腰札・草摺裾札の形状についてみれば、加耶の札甲では腰札が断面形がS字形に湾曲した腰札(S字形腰札)と断面形が湾曲しない草摺裾札(平裾札)を用いる事例が多い。これに対し、倭の札甲では様相が異なる。導

入期の五條猫塚古墳例、宮山古墳例では湾曲した小札を持たず、すべて平札で構成される。これに継続する向出山1号墳例・長持山古墳例では、腰札に断面形がΩ字形を呈する腰札(Ω字形腰札)を採用するが草摺裾札には平札を用いる。その後、埼玉稲荷山古墳例・藤ノ木古墳例などでは腰札にΩ字形腰札、草摺裾札にΩ字形草摺裾札を用いる。

飛鳥寺塔心礎例では腰札に「く」字形腰札、草摺裾札に平札を用いる。これらは変遷の指標の一つとされる(清水1993、塚本1997、内山2003、初村2011)。

③ 小札の形状　着目する点として、小札の頭部形状、穿孔がある。小札の頭部形状としては、おおきく方頭、円頭、扁円頭の3種がある。これに先述した威孔列を加えた形で小札甲の特徴が呼称される(例:円頭威孔2列小札甲など)。

加耶の札甲では(円頭威孔1列)、その下に綴孔が計8孔穿たれるものが多い。

これに対して倭の札甲では、導入期には方頭威孔2列小札・円頭威孔1列小札が多く見られるが、これに継続する資料群には円頭威孔2列小札が多い。資料数や時期幅が広いことから、倭で定型化した小札とも呼ばれる(内山2003)。6世紀後葉頃には藤ノ木古墳などの扁円頭威孔1列小札がみられる。扁円頭威孔1列小札は高句麗出土例にもみられるもので、いわゆる舶載品ラッシュ(内山2012)の時期に倭にもたらされたものである。既存の円頭威孔2列小札もこの影響を受けてか、扁円頭化するようである。

④ 札甲の変遷　主に倭の札甲の変化を軸とすると、以下のものに分類・変遷する。

① 札甲Ⅰ類…平札のみで構成された札甲。湾曲した腰札・草摺裾札を持たない。ex.五條猫塚古墳

② 札甲Ⅱ類…腰札のみ湾曲したS字形腰札を用いた札甲。草摺裾札は平札。ex.池山洞32号墳
③ 札甲Ⅲ類…腰札のみ湾曲したΩ字形腰札を用いた札甲。草摺裾札は平札。ex.向出山1号墳
④ 札甲Ⅳ類…円頭威孔2列小札を用いた札甲。腰札・草摺裾札は札甲Ⅲ類と同様。ex.長持山古墳
⑤ 札甲Ⅴ類…Ω字形腰札・Ω字形草摺裾札を用いた札甲。ex.埼玉稲荷山古墳、志段味大塚古墳
⑥ 札甲Ⅵ類…小札甲Ⅴ類の組成に、各段威が採用された札甲。ex.円山古墳、祇園大塚山古墳
⑦ 札甲Ⅶ類…小札甲Ⅵ類の組成に、扁円頭小札が採用された札甲。ex.藤ノ木古墳、金鈴塚古墳
⑧ 札甲Ⅷ類…腰札のみ湾曲した「く」字形腰札を用い草摺裾札には平札を用いた札甲。ex.飛鳥寺

概ね札甲Ⅰ類が古く、札甲Ⅷ類が新しい。しかし、加耶地域で主にみられるのは札甲Ⅱ類であり、この一部が倭にもたらされている。ただし、この札甲Ⅱ類は加耶地域では5世紀前半代の墳墓から出土するが、日本列島で出土する場合は5世紀末~6世紀の資料が多い。

2. 籠手

籠手は、板籠手・筒籠手・篠籠手が知られる。このうち、板籠手については加耶・新羅での出土が知られており、それらに準ずる資料が日本列島内でも出土している。筒籠手や篠籠手については朝鮮半島での出土事例がなく、倭独自の武具とみられる(橋本 2014c)。

篠籠手については、大阪府長持山古墳など著名な事例がであるが、

遺存状況の良好な事例が少なく、構造の比較は困難であった。しかし、石川県和田山5号墳の篠籠手は一定程度の形状を復元できるものであり、前期の籠手にみられるような篠状鉄札の配置をみせる。前期型の篠状鉄札の配置をベースとし、新しい綴孔の配置・威技法の採用することで手甲威の篠籠手が創出された可能性が推測される。また、使用する篠状鉄札の枚数にも大きな差があり、和田山5号墳例では15枚の篠状鉄札で籠手を構成するのに対し、長持山古墳例では31枚と倍増する。枚数が多ければ曲面を構成しやすいが、枚数の少ない和田山5号墳例ではこれが困難であったのであろう。篠状鉄札それぞれに緩くカーブがつけてある。わずかな点だが、個々の部材の細部にも違いがある。

　　手甲については、初期の事例では円頭威孔1列小札を採用するが、長持山古墳以降は円頭威孔2列にほぼ統一されていくようである。また、藤ノ木古墳にみられる扁円頭威孔1列が導入されると、同様の小札が手甲に採用される。

3. 臑当

　　臑当については、篠臑当が存在する。籠手と同様に遺存状況が良くない事例が多いため構造の比較等まで行えていないが、円頭威孔1列、方頭威孔2列、円頭威孔2列、扁円頭威孔1列に大きく分類可能である。

　　加耶地域では円頭威孔1列の篠臑当が存在するが、同様のものとして馬の頸甲に使用される事例もある。この場合は馬甲とセットで出土するので見極めが重要である。

　　倭では、方頭威孔2列の篠臑当と円頭威孔1列の篠臑当が導入期より存在する。円頭威孔1列の篠臑当は朝鮮半島での出土も数多く知られておりその影響を受けているとみられるが、方頭威孔2列の篠臑当は朝鮮半

島では見られなものので、日本列島独自のものと推測される。長持山古墳例などより円頭威孔2列篠臑当に統一される。また、藤ノ木古墳例などより扁円頭威孔1列篠臑当が出現する。

4. 頸甲・襟甲と肩甲

　　日本列島では、小札肩甲の存在が知られるとともに、その小札肩甲を装着する甲として頸甲・襟甲がある。
　　襟甲と小札肩甲　襟甲は、朝鮮半島の武装に多くみられる武具である。これには小札肩甲が伴い、首回り～肩回りを守る防具となる。
　　朝鮮半島出土の襟甲は縦矧細板式のものが多く、連結技法には革綴もしくは鋲留が認められる。襟の高さは最大15cm程度と高い。朝鮮半島の武具において、首回りの防御が襟甲に拠るものであることがこれに起因する(朝鮮半島の武具では首の周りは襟甲で防御することが大きな理由である)。冑の付属具である頬当・錣については襟甲の内側に入り込むこととなり、広く展開しない。冑の錣は1段程度と短いこともこれを裏付ける。
　　一方で、日本列島出土の首回りの防御は概ね錣に拠るものであり(日本列島の武具では首回りは錣で防御する)、錣が3～4段程度と広く展開する。また、頸甲の襟部は10cmにも満たず、背が低い。朝鮮半島にみられる襟の高い襟甲を日本列島の武具へそのまま導入すると、襟甲と冑錣が干渉しあうこととなる。そのため、日本列島の武具体系へ襟甲を導入するに当たり、襟甲の高さを低くするという構造の改変が行われたようである(初村2010)。
　　日本列島出土の襟甲には縦矧細板式のものと打延式のものとが存在する。打延式襟甲には日本列島で出土する打延式甲冑の影響を受けているものと思われる。
　　襟甲に伴う肩甲については、出土状況が良好なものなどが少なく、確

定できるものは多くない。

　頸甲と小札肩甲　襟甲に付属する小札肩甲の影響を受け、数は少ないながら倭の頸甲へ小札肩甲を導入するものが確認されている。

　頸甲に打延式肩甲を装着する場合、4孔もしくは2孔を一組とした穿孔が数か所ずつ両肩に穿たれる。一方で頸甲に小札肩甲を装着する場合、頸甲の両肩にそれぞれ一定間隔で穿孔列が認められる。これにより、頸甲に装着された肩甲の構造を知ることができる。

　小札肩甲については、現在知られているものに限れば、全長42~51mm、幅15~31mmであり、小札甲に使用される小札よりも小さい。また、頭部形状・威孔列についてみると、方頭威孔2列、扁円頭威孔2列、円頭威孔1列、円頭威孔2列のものが存在する。円頭威孔1列小札は1例のみであるため詳細は不明であるが、威孔2列小札に限れば、小札甲に使用された小札の変化と同様に方頭→円頭という過程での変遷が最も理解しやすい。

5. 冑・頬当・錣

　日本列島内で展開する小札頬当・小札錣は、いずれも衝角付冑に伴うものである。近年発掘された金井東裏遺跡出土横矧板鋲留衝角付冑がその姿を克明に残す。

　冑とその付属具　頬当・錣は、冑の腰巻板もしくはそれに相当する部位から垂下される武具である。先述の群馬県金井東裏遺跡の事例では良好な遺存状態が確認されたが、他の事例では同様の状態のものは少ない。しかし、小札頬当・錣を装着する冑には腰巻板に等間隔に穿たれた穿孔列がみられるので、冑の観察から付属具の存在を推定することができる。

　加耶地域では、縦矧細板冑―いわゆる蒙古鉢形冑―に札を用いた頬

当・錣が伴う。頬当に使用される部材は、一枚板、篠状鉄札、円頭小札、方頭小札が存在し、概ね篠状鉄札 → 一枚板 → 小札となる。その後、冠帽付冑などでは多角形の板や水滴形の板を用いるものもある。

倭では、衝角付冑に小札頬当・錣が装着される。この組み合わせの出現は、小札甲導入期からは少し遅れる。今のところ初現は大阪府長持山古墳頃とみられ、基本的に円頭威孔2列小札を採用する。この点は先の縦矧細板冑とは異なる点である。しかし基本的な組み上げ方法は同じであるため、源流としてはやはり縦矧細板冑等に求められるものと思われ、日本列島内への定着後、独自に発展したものと思われる。

倭の頬当　頬当については、基本的に綴技法で組み上げ、裏側に被せた革・布などを表側に折り返し覆輪とする。

威技法を使っていないため、上下方向の可動性を持たない。

基本的には1種類の小札を組み上げるものであるが、金井東裏遺跡例では3種類の小札を組み上げている事が確認された。他の例では同様のものは知られておらず、現状では特異な例として考えておきたい。

頬当の小札は、穿孔により以下の3種に分けられる。

① 円頭形で、頭部に2列×2孔の計4孔、札足に2列×1孔の計2孔を穿つもの。
② 円頭形で、頭部に2列×2孔の計4孔、札足に2列×2孔の計4孔を穿つもの。
③ 円頭形で、頭部に2列×2孔の計4孔、札足に2列×2孔と3孔の計7孔を穿つもの。

これら3つの類型は比較的早い段階から併存している。また、これらはいずれも小型→大型の変遷を辿るので、小札の枚数の省略可として捉えることができる。ただし②については長持山古墳例より大型化していく系統とこれより一回り小さな小札を用いる系統に細分可能なようである。

倭の錣　頬当については威技法を採用しない特徴があるため、遺存

状況が良好でなくても判別可能であるが、錣については他の札式甲冑と同様に綴技法と威技法で組み上げるものであるため判別不可能なものが多い。しかし、札甲に使用される札と比べると小型の札を用いる点は特徴の一つと言える。

　　元々1種の札で組み上げられていたようだが、群馬県金井東裏遺跡例では、1段目と2段目で異なる平札を用い、さらに裾札にはΩ字形の裾札を用いる。こうした特徴は山の神古墳例や珠城山3号墳例などでも認められており、金井東裏遺跡例は古墳時代後期に特徴的な札の使い方が認められる事例と評価された(内山2017)。

6. 日本列島で認められる朝鮮半島系甲冑

　　日本列島内で出土する札式甲冑のうち、主流となるものは先述した通りである。しかし、少数ながらもこれらとは札の形状・構造を異にする資料群─いわゆる朝鮮半島系甲冑─群が存在する。

　　縦矧板冑とその付属具　縦矧細板冑(いわゆる蒙古鉢形冑)と縦矧板冑(いわゆる突起付冑・冠帽付冑)が存在する。前者は古墳時代中期に多く、後者は古墳時代後期後葉頃に多い。

　　縦矧細板冑は日本列島出土例は稀少であり、山梨県かんかん塚古墳、京都府美濃山大塚古墳、奈良県円照寺墓山1号墳、熊本県楢崎山5号墳などがあるが、いずれも遺存状況は良好ではない。しかし、かんかん塚古墳出土冑では、頭頂部の伏鉢や地板、方頭札を用いた札頬当、円頭威孔1列札を用いた札錣が認められた(初村2010)。

　　縦矧板冑は、群馬県綿貫観音山古墳例などにみられる冑であり、朝鮮半島に多く認められる冑である。当初は冠帽形であった頭頂部の飾りが突起形に変化したものであろうか。内山敏行により朝鮮半島の資料との対

比が行われている。これとセットとなる扁円頭威孔1列の札甲とあわせて外来系甲冑セットとして認識されており、当選半島三国時代社会の甲冑の在り方が日本列島に持ち込まれたものと評価している(內山2020)。

　　　　同様の冑は朝鮮半島に存在しており、そうした製品を直接搬入したものと推測される。

　　　　朝鮮半島系札甲　日本列島出土札甲のうち、加耶で出土する円頭威孔1列の平札で、かつ綴孔を2列×2孔×2か所の計8孔を穿つものを使用した札甲は、これまで複数出土していることが確認されている。大阪府高井田山古墳・福岡県塚堂古墳・佐賀県潮見古墳などS字形腰札を有する事例が多いが、香川県王墓山古墳・福岡県沖ノ島7号祭祀遺跡などの事例ではΩ字形腰札を有する。現状でその実数を知りえないが、奈良県円照寺墓山1号墳や愛知

　　　　県おつくり山古墳、山梨県三珠大塚古墳など、各地の資料の整理が進むにつれて、数は増えるものと推測される。

　　　　また、先述した綿貫観音山古墳例のように、外来系冑とセットとなる札甲も外来系として評価される(內山2012)。しかし、日本列島製という意見を完全に排除することも難しい(內山2020)。

7. 加耶地域における倭系札式甲冑

　　　　一方で、加耶地域にも日本列島で出土する甲冑と同様のものが存在する。多くは衝角付冑や短甲をはじめとした帯金式・打延式甲冑が著名であるが、倭の札式甲冑(以下、倭系札式甲冑)の存在も一定程度知られる。

　　　　良好な甲冑セットとして知られるのが、松鶴洞1A-1号墳の甲冑セットである。札甲・篠籠手・背の低い襟甲・肩甲が確実視でき、篠臑当も存在する可能性がある。f字形鏡板付轡や剣菱形杏葉・双剣菱形杏葉など倭系

遺物が含まれる点も注目される。

また、蓮山洞M8号墳出土札も、向出山1号墳例と同様、頸甲に装着される札肩甲とみられよう。

少数ながら、倭の札式甲冑の一部は、何らかの動きの中で加耶地域にもたらされていたものと推測される。

8. 札式甲冑の受容・展開からみる加耶・倭の関係性

加耶地域では主に頬当・錣付属の縦矧板冑と札肩甲付属襟甲、札甲が多く見られ、これに板籠手・篠臑当が伴う事例が散見される。特に札甲にみられるような円頭威孔1列で綴孔を8孔がある札とS字形腰札は特徴的である。

時期が下るとΩ字形腰札の採用などの変化も見られるが、円頭威孔1列で綴孔を8孔がある札を継続して用いる点は一貫しているように見受けられる。

一方で倭出土の札式甲冑は、出現当初には未だ源流は不明ながら、加耶とは異なる構造・部材を用いた札甲であったようである。しかし、倭において円頭威孔1列Ω字形腰札を採用した背景には、加耶地域のS字形腰札・Ω字形腰札の影響を受けている可能性も十分に想定できる(内山2008b)。

また、倭に存在しなかった武具—襟甲・臑当については、加耶地域に類例が見られるものと基本構造は一致するものを採用している。しかしそうしながらも、倭系甲冑の中に適合する構造への改変を少なからず加えていることにより導入が可能となった(初村2010)。

加耶においては、倭系の帯金式・打延式甲冑に合わせて札式甲冑の一部がもたらされていたことは確実であるが、倭の札式甲冑の構造を採

用もしくは援用した点は現状では見えにくい。一方で、倭の資料からは、加耶地域を含む朝鮮半島系甲冑の構造を自身の武具体系へと融和させる形での導入を進めたようである。

III. おわりに

ここでは、加耶と倭の札式甲冑の対比を通して両者の関係性を考えてきた。

加耶の札式甲冑は、倭の札式甲冑以前に存在して広く展開し、その一部が倭にもたらされた。これに対して倭の札式甲冑は、その源流を複数持つ可能性がある。膞当や籠手などは加耶地域のものと類似するが、導入期の札甲は加耶地域のものとは特徴が大きく異なるようである。しかし、その異なる構造の中にも円頭威孔1列の腰札を導入するなど、波状的にもたらされた特徴を導入していく過程も見て取れる。

現在、韓国・日本の双方において、多くの資料の再整理や新資料の発見等が相次いでいる。加耶・倭の甲冑の関係性についてもこれにより今後多くの研究成果から多くの点が抽出されることが期待される。

参考文献

内山敏行, 1987,「遺物編年の現段階―武具―」,『関東・東北地方の群集墳―造営年代と歴史的意義 古墳文化研究会研究発表・討論会 発表要旨』PHALANX―古墳文化研究会―.
内山敏行, 2003,「後期古墳の諸段階と馬具・甲冑」,『第8回東北・関東前方後円墳研究

会大会【シンポジウム】後期古墳の諸段階 発表要旨資料』, pp.43-58.

内山敏行, 2008a,「古墳時代の武具生産―古墳時代中期甲冑の二系統を中心に―」,『地域と文化の考古学』II, 六一書房, pp.379-392.

内山敏行, 2008b,「小札甲の変遷と交流―古墳時代中・後期の繊孔2列小札とΩ字形腰札」,『王権と武具と信仰』, 同成社, pp.708-717.

内山敏行, 2012,「装飾付武器・馬具の受容と展開」,『馬越長火塚古墳群』豊橋市埋蔵文化財調査報告書 第120集, 豊橋市教育委員会, pp.313-324.

内山敏行, 2017,「金井東裏遺跡の甲冑とその構造」,『金井東裏遺跡 甲装着人骨等詳細調査報告書』, 群馬県教育委員会, pp.454-456.

内山敏行, 2019,「衝角付冑と2列小札甲―古墳時代甲冑のセット関係―」,『和の考古学―藤田和尊さん追悼論文集―』ナベの会考古学論集 第1集, pp.175-184.

内山敏行, 2020,「綿貫観音山古墳の甲冑と附属具」,『国宝決定記念 第101回企画展綿貫観音山古墳のすべて』, 群馬県立歴史博物館, pp.172-179.

京都大学大学院文学研究科, 2005,『紫金山古墳の研究―古墳時代前期における対外交渉の考古学的研究―』平成14~16年度科学研究費補助金研究成果報告書.

清水和明, 1993,「挂甲―製作技法の変遷から見た挂甲の生産―」,『第33回埋蔵文化財研究集会甲冑出土古墳から見た武器・武具の変遷 発表要旨』, pp.13-27.

清水和明, 1995,「古墳時代中期の甲冑製作技術に関する一考察」,『考古学の世界』10, 学習院考古会, pp.1-23.

清水和明・髙橋工, 1998,「古墳時代の外来系甲冑資料について―福岡県塚堂古墳と熊本県楢崎山5号墳出土甲冑―」,『大阪市文化財協会 研究紀要』創刊号, pp.33-50.

清水和明, 1996,「東アジアの小札甲の展開」,『古代文化』48-4, 古代学協会, pp.1-18.

塚本敏夫, 1997,「長持山古墳出土挂甲の研究」,『王者の武装―5世紀の金工技術―』, 京都大学総合博物館, pp.64-87.

塚本敏夫, 2004,「帯板・小札併用肩甲の意義と成立背景」,『正崎2号墳『正崎2・4号墳』復刻 甲冑の整理・保存処理報告』山陽町文化財調査報告1, 山陽町教育委員会, pp.95-101.

橋本達也, 2014a,「城ノ山古墳の襟甲」,『堺市博物館研究報告』第33号, 堺市博物館, pp.74-80.

橋本達也, 2014b,「中期甲冑の表示する同質性と差異性―変形板短甲の意義―」,『七観古墳の研究―1947年・1952年出土遺物の再検討―』, 京都大学大学院文学研究科, pp.251-272.

橋本達也, 2014c,「古墳時代中期甲冑における朝鮮半島系要素の導入―山の神古墳の甲冑付属具とその評価を中心に―」,『山の神古墳と「雄略朝」期をめぐる諸問題 研究発表資料集』, 九州大学大学院人文科学研究院考古学研究室,

pp.59-64.

初村武寛, 2010, 「古墳時代中期における小札式付属具の基礎的検討—付属具を構成する小札の用途と装着部位—」, 『洛北史学』第12号, 洛北史学会 pp.92-118.

初村武寛, 2011a, 「一夜塚古墳出土甲冑の位置付け」, 『一夜塚古墳出土遺物調査報告書』, 朝霞市教育委員会, pp.69-82.

初村武寛, 2011b, 「古墳時代中期における小札甲の変遷」, 『古代学研究』192, 古代学研究会, pp.1-19.

初村武寛, 2015a, 「日本列島における導入期小札甲の構造と副葬の背景」, 『研究紀要』19号, 由良大和古代文化研究協会, pp.1-36

初村武寛, 2015c, 「五條猫塚古墳出土小札甲の構造と甲冑の装飾—小札甲と帯金具の関係性に着目して—」, 『五條猫塚古墳の研究』総括編, 奈良国立博物館, pp.303-312.

初村武寛, 2018, 「小札式甲冑の研究史と導入・展開の諸様相」, 『古代武器研究』vol.14, 古代武器研究会, pp.47-76.

初村武寛, 2019, 「頸甲と小札肩甲」, 『和の考古学—藤田和尊さん追悼論文集—』, ナベの会, pp.163-174.

羽曳野市教育委員会, 2010, 『庭鳥塚古墳発掘調査報告書』羽曳野市埋蔵文化財調査報告書66.

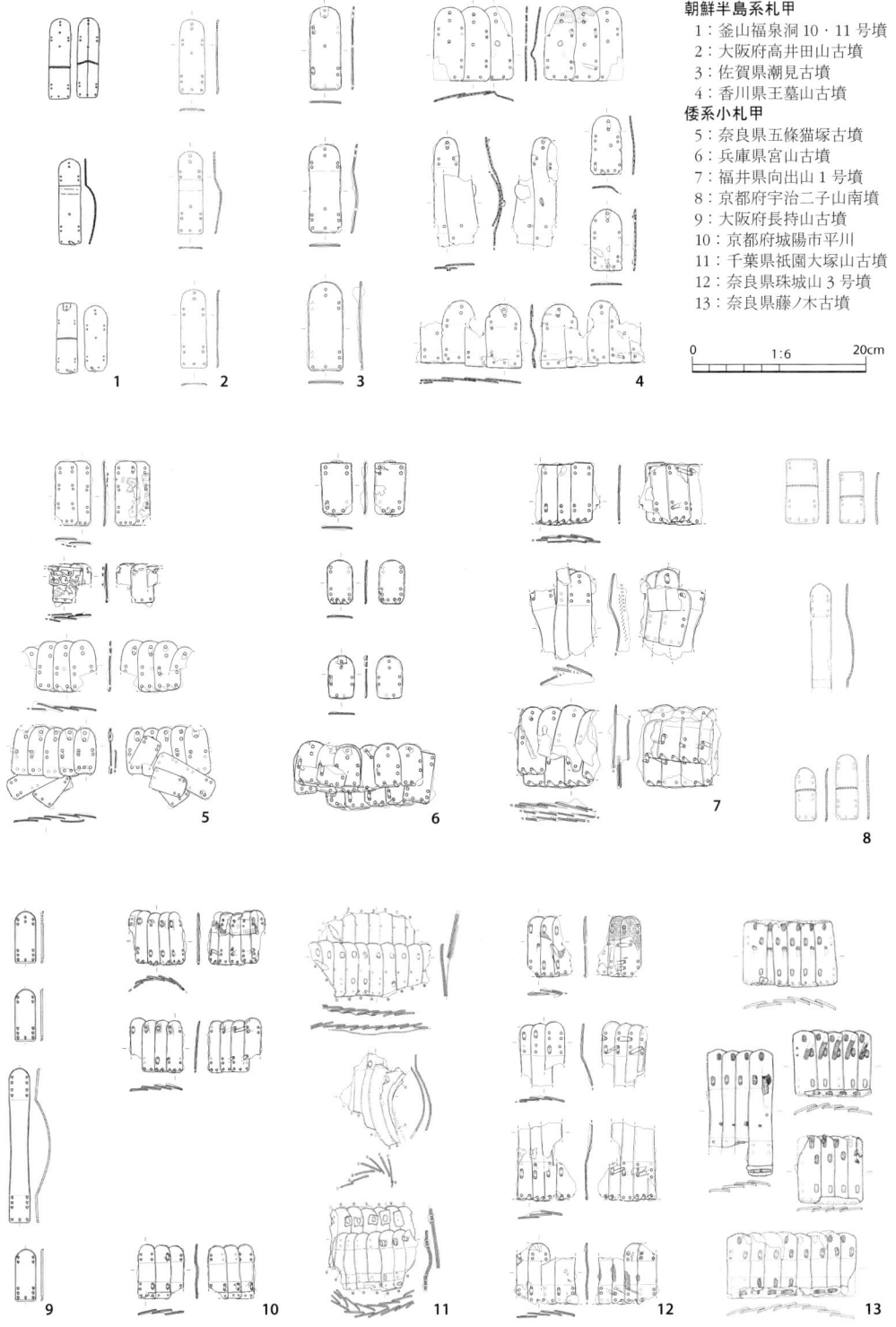

[図1] 朝鮮半島および日本列島出土 札甲(小札甲)

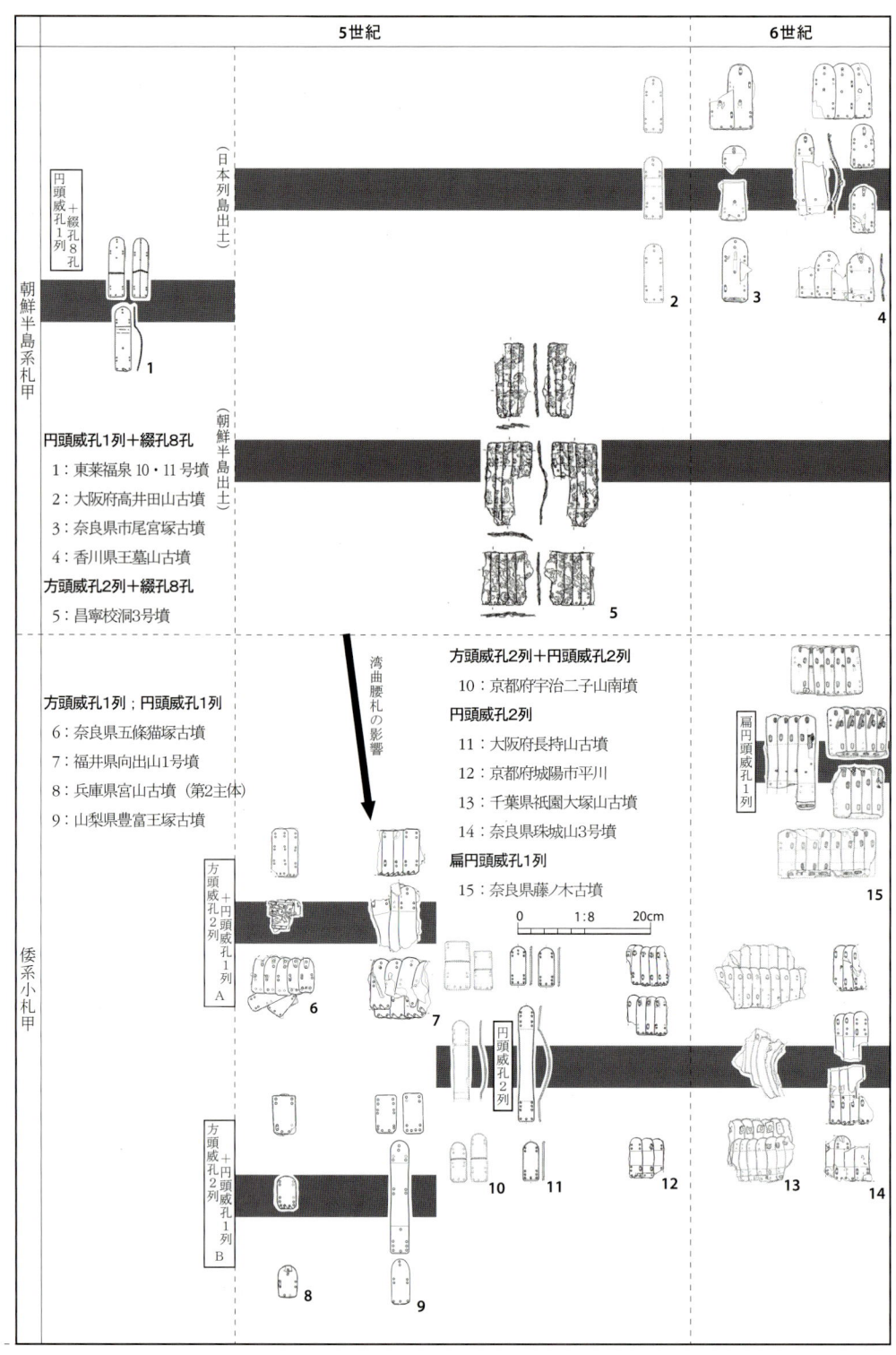

[図2] 朝鮮半島および日本列島出土 札甲の変遷

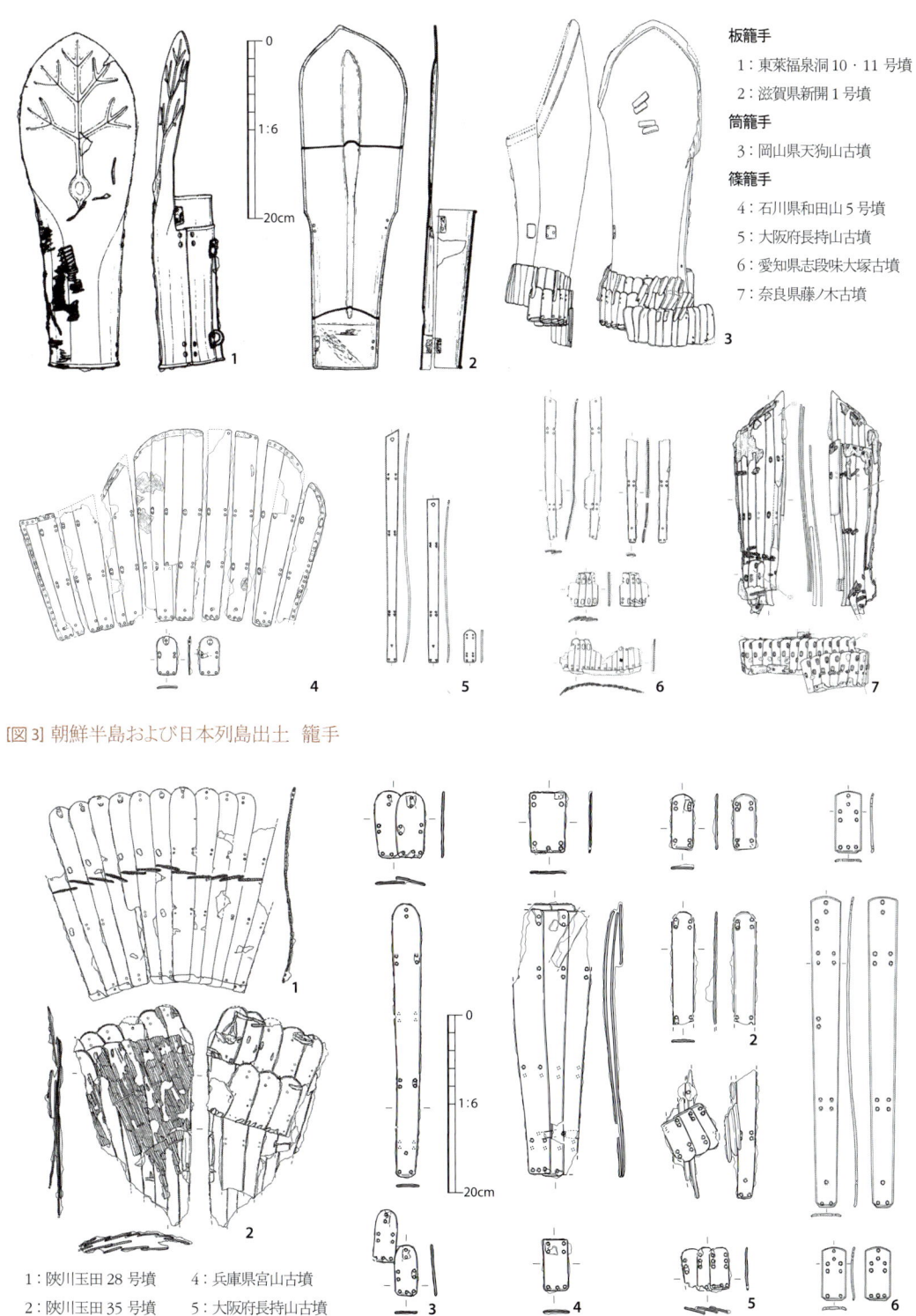

[図3] 朝鮮半島および日本列島出土　籠手

板籠手
1：東萊福泉洞10・11号墳
2：滋賀県新開1号墳

筒籠手
3：岡山県天狗山古墳

篠籠手
4：石川県和田山5号墳
5：大阪府長持山古墳
6：愛知県志段味大塚古墳
7：奈良県藤ノ木古墳

1：陜川玉田28号墳　　4：兵庫県宮山古墳
2：陜川玉田35号墳　　5：大阪府長持山古墳
3：福岡県稲童21号墳　6：奈良県藤ノ木古墳

[図4] 朝鮮半島および日本列島出土　臑当

4　古代札甲からみた倭と加耶　135

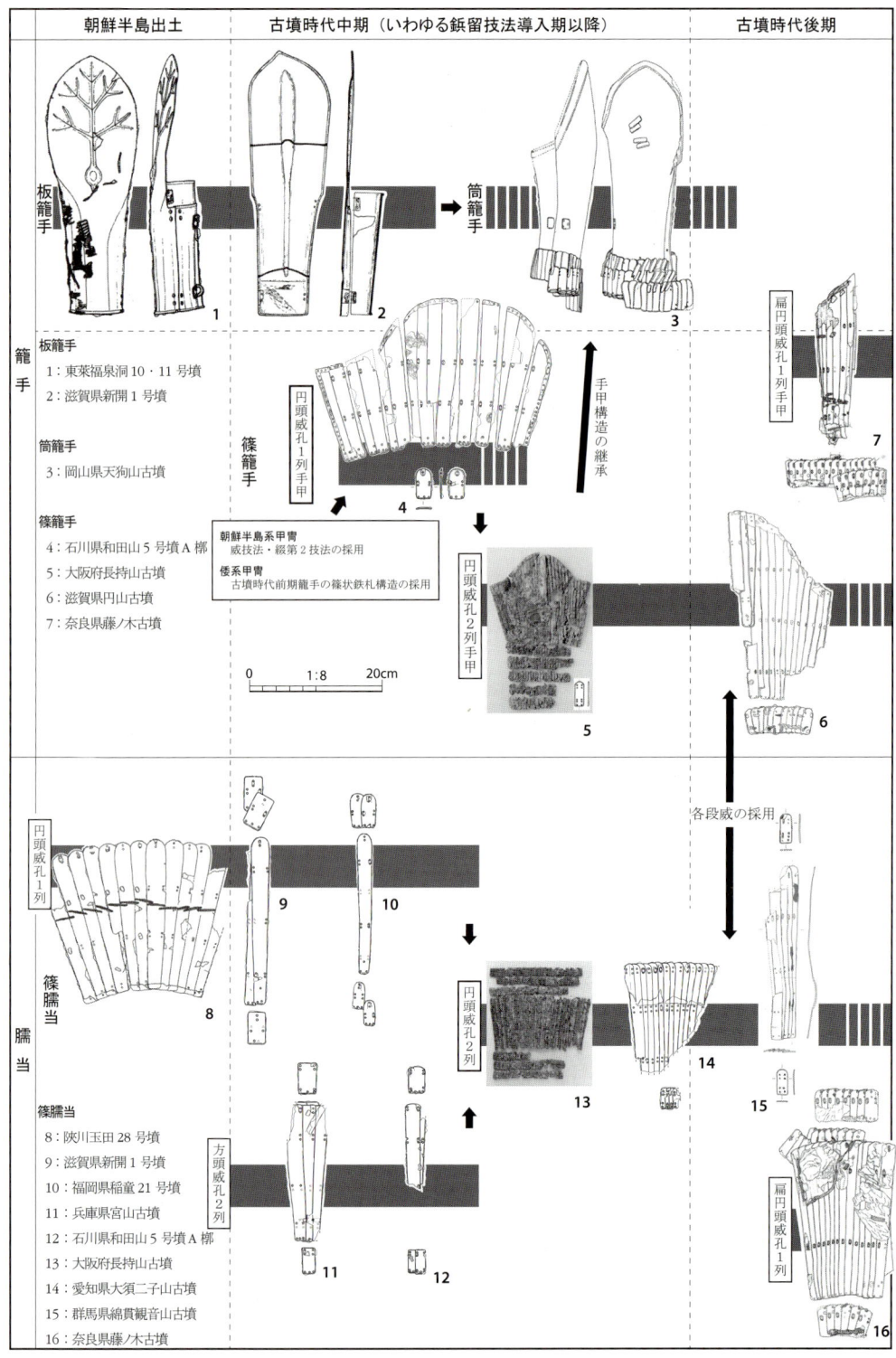

[図5] 朝鮮半島および日本列島出土 籠手・臑当の変遷

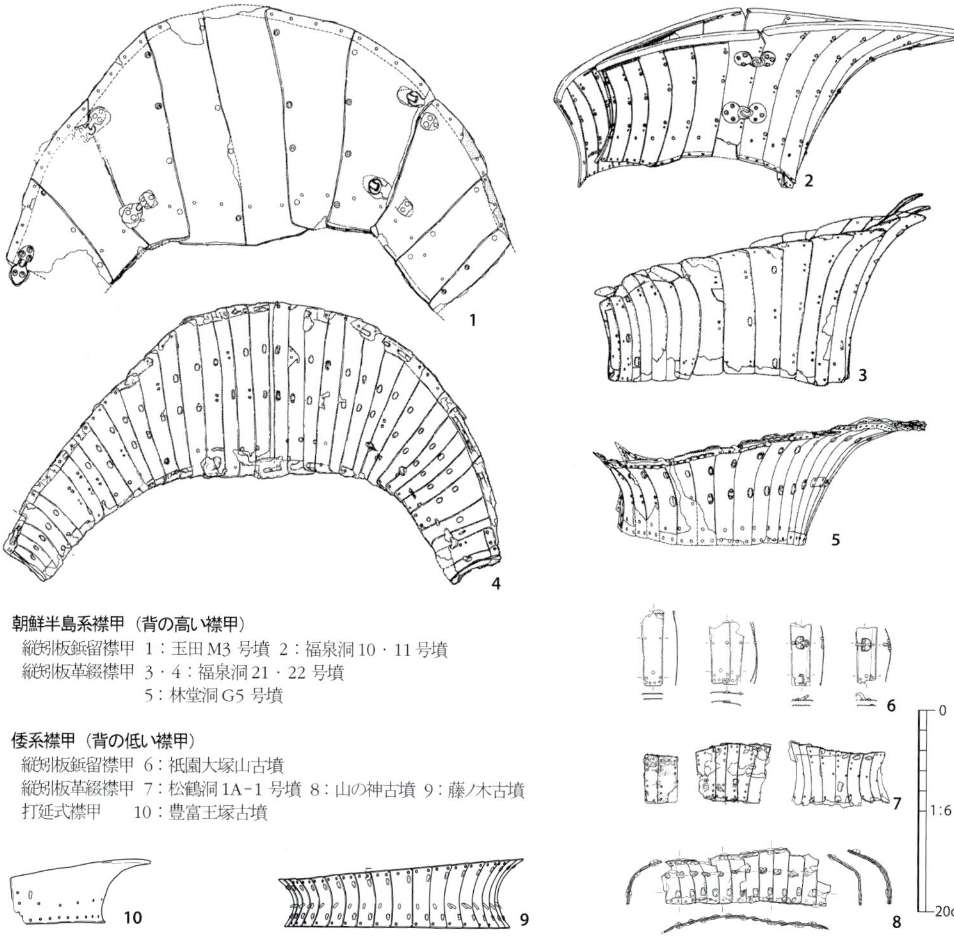

1
2
3
4
5
朝鮮半島系襟甲（背の高い襟甲）
縦矧板鋲留襟甲 1：玉田 M3 号墳 2：福泉洞 10・11 号墳
縦矧板革綴襟甲 3・4：福泉洞 21・22 号墳
5：林堂洞 G5 号墳
倭系襟甲（背の低い襟甲）
縦矧板鋲留襟甲 6：祇園大塚山古墳
縦矧板革綴襟甲 7：松鶴洞 1A-1 号墳 8：山の神古墳 9：藤ノ木古墳
打延式襟甲 10：豊富王塚古墳
6
7
8
9
10
0
1:6
20cm

[図 6] 朝鮮島および日本列島出土 襟甲

打延式頸甲
肩甲威孔 1 列 1：向出山1号墳
肩甲威孔 2 列 2：陵山古墳 3：長木古墳
小札・打延式肩甲併用
：正崎 2 号墳 5：蓮山洞 M8 号墳
0
1:6
20cm
1
2
3
4
5

[図 7] 朝鮮島および日本列島出土 小札肩甲を伴う頸甲

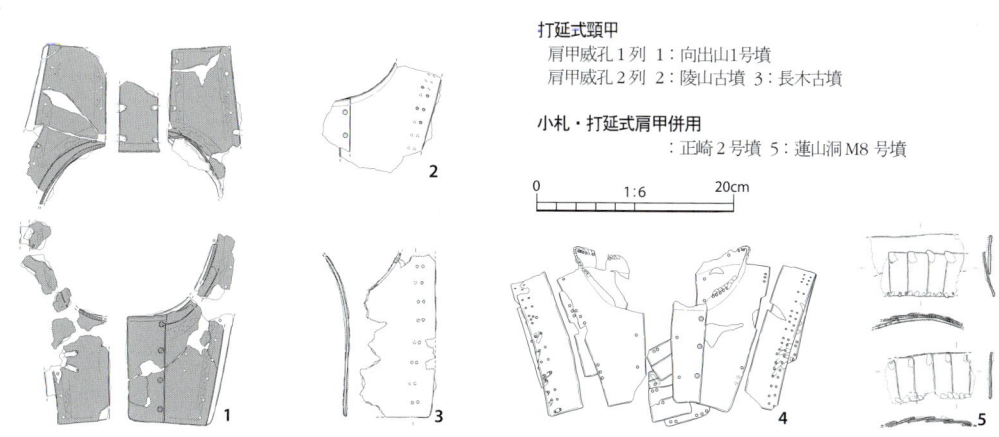

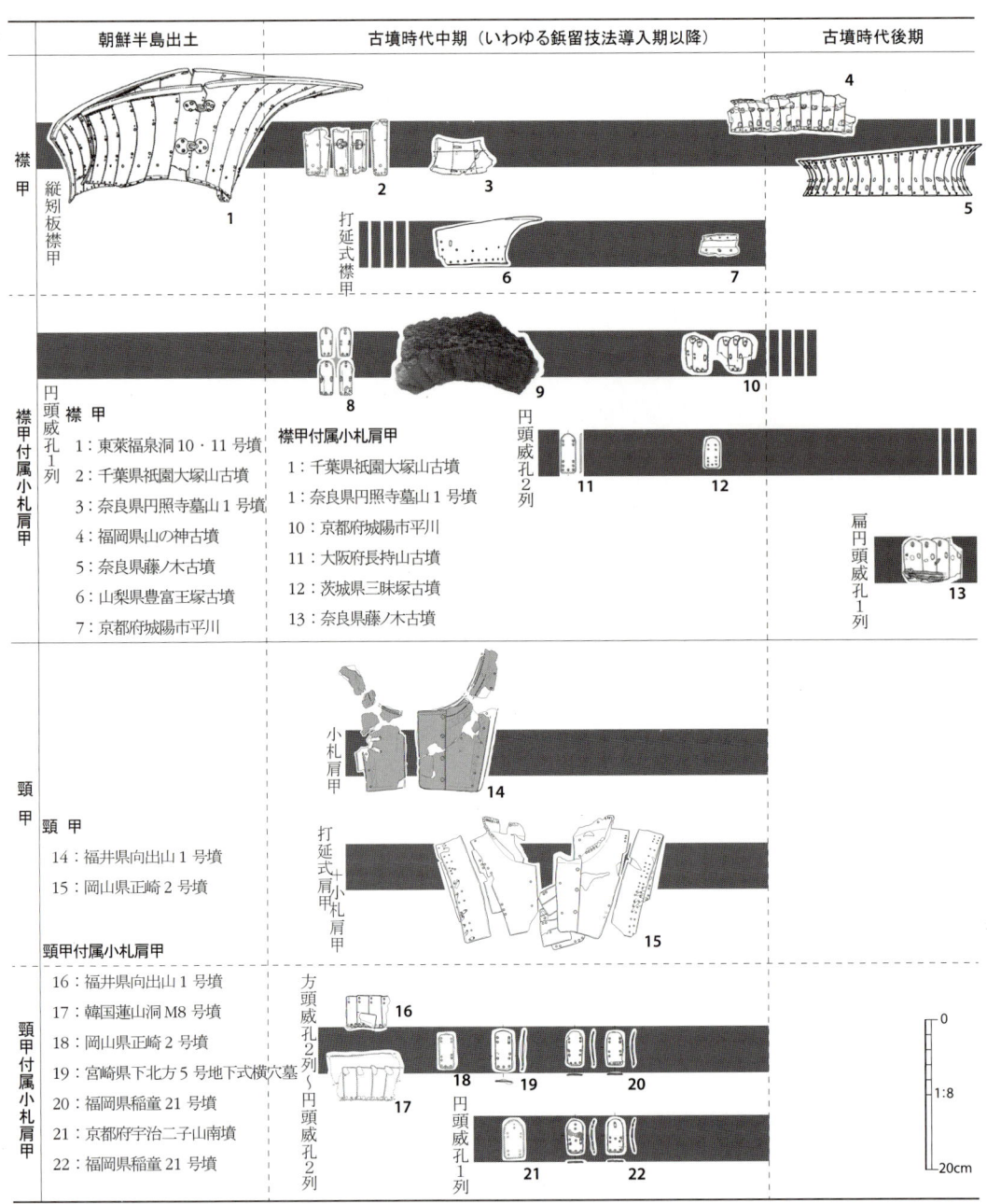

[図 8] 朝鮮半島および日本列島出土 小札肩甲を伴う襟甲・頸甲の変遷

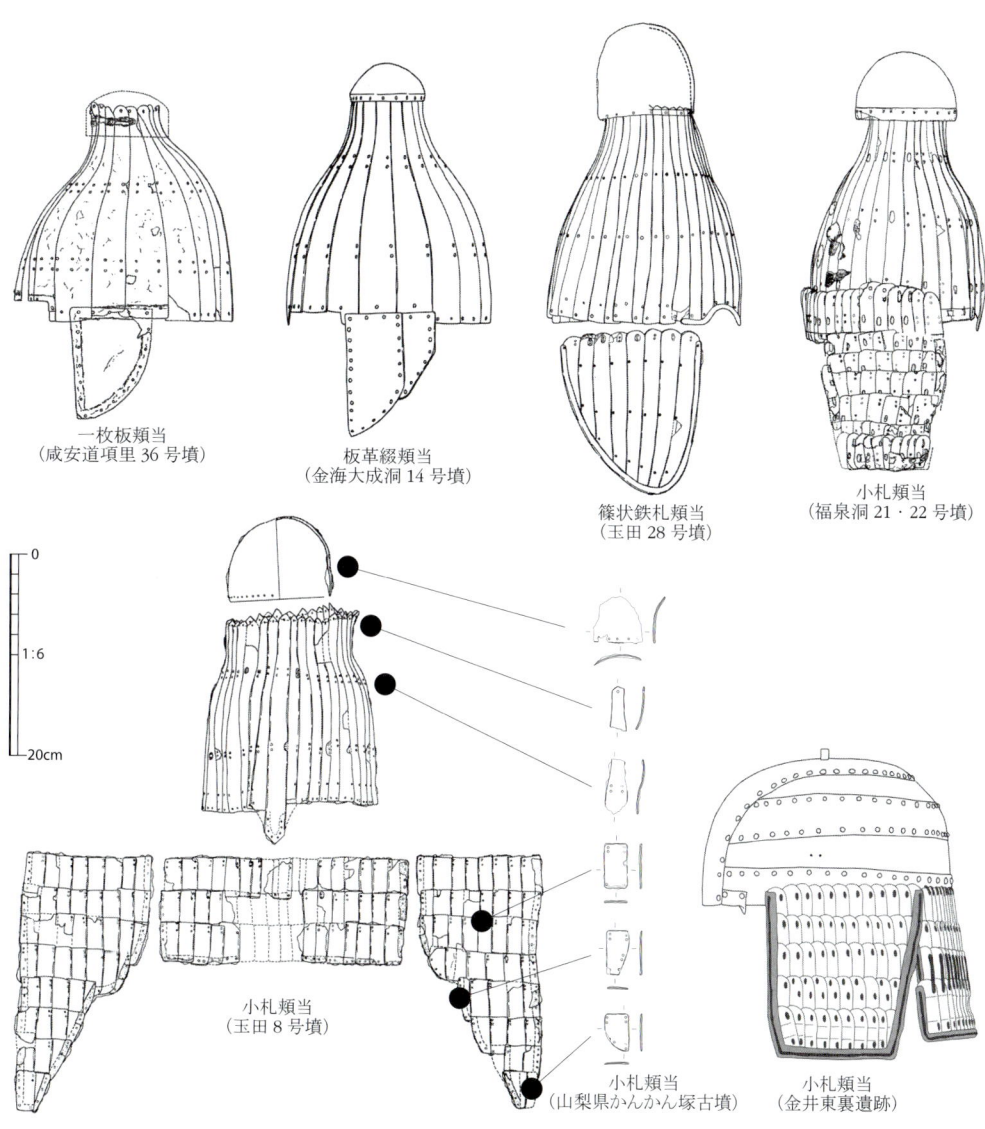

[図9] 朝鮮半島および日本列島出土 小札頬当・錣を伴う冑

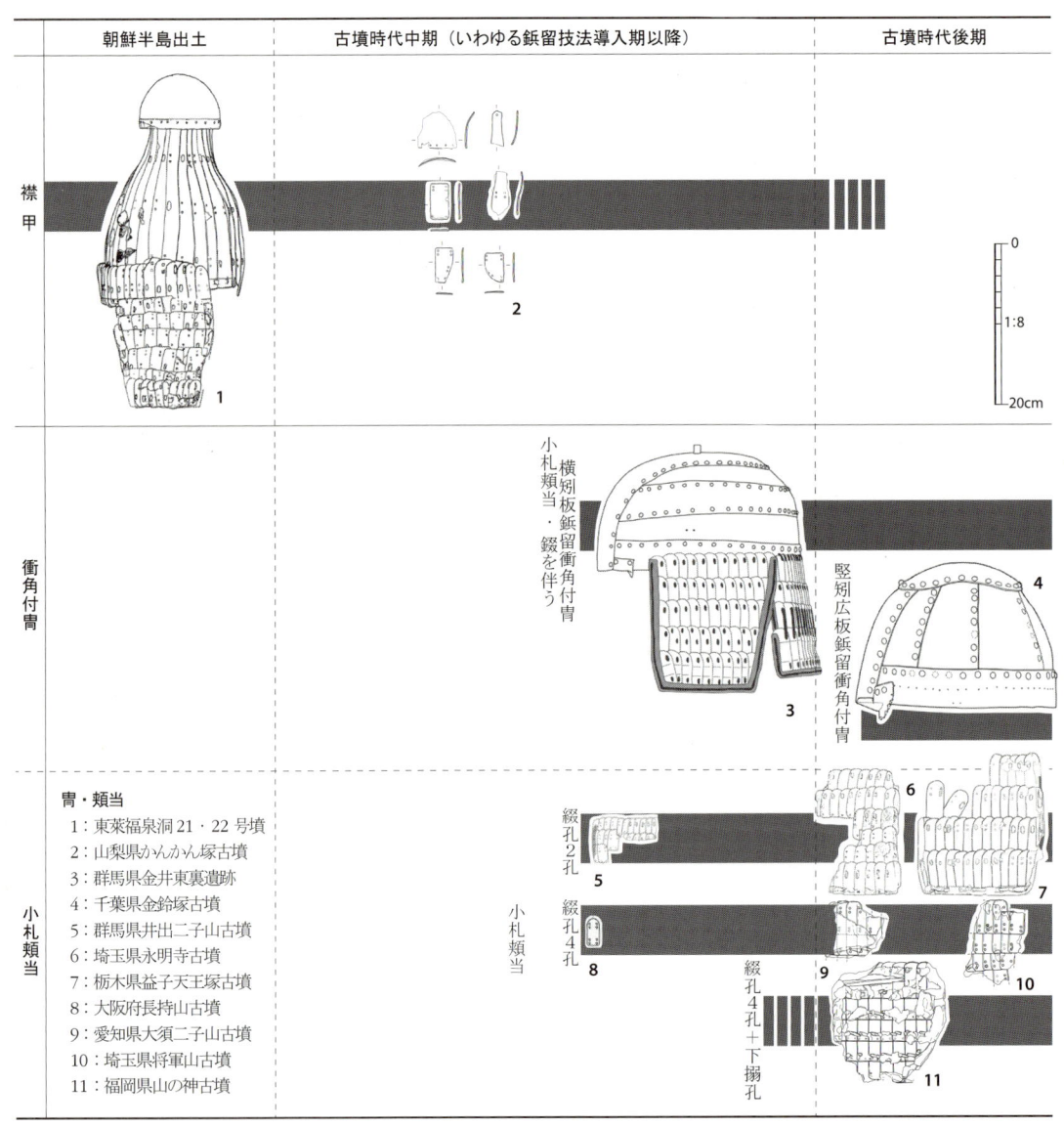

[図10] 朝鮮半島および日本列島出土 小札類当・錣を伴う冑の変遷

4

고대 찰갑으로 본 倭와 加耶

하쓰무라 다케히로 공익재단법인 원흥사문화재연구소
(번역: 김도영 경북대학교)

I. 머리말
II. 가야와 왜의 찰식갑주(札式甲冑)
   1. 찰갑
   2. 팔뚝가리개(籠手)
   3. 정강이가리개(臑当)
   4. 경갑(頸甲)・襟甲과 견갑(肩甲)
   5. 투구・수미부가리개(錣)・볼가리개(頰当)
   6. 일본열도에서 확인되는 한반도계갑주
   7. 가야지역의 왜계찰식갑주
   8. 찰식갑주의 변용・전개로 본 가야・왜의 관계성
III. 맺음말

I. 머리말

소찰이라 불리는 작은 철판을 많이 사용하는 무구(찰식갑주札式甲冑, 소찰식갑주)는 5세기대에 대륙·한반도에서 일본열도로 이입된 무구이다. 각 지역에서 도입된 이후 점차 중심적인 무구로 사용된다. 다만 지금까지는 자료의 잔존 상황이 좋지 않아 각 자료의 구조를 파악하거나 원래 용도를 알기 어려웠다.

최근 한국·일본열도에서 출토 상황이 양호한 자료가 출토되고 있는 데다 과거의 자료가 재정리되고 연구자들의 인식이 향상되면서 찰식갑주(札式甲冑)의 기본적인 구조를 규명하거나 기존 자료의 재검토가 진행되고 있다.

미력하나마 일본열도에서 출토된 자료와 가야지역에서 출토된 자료를 비교하여 양자의 관계성에 대해 살펴보고자 한다.

II. 가야와 왜의 찰식갑주(札式甲冑)

가야지역에서 출토된 찰식갑주(札式甲冑)로 찰갑(胴甲), 종신판주(縱矧板冑), 襟甲, 견갑(肩甲), 팔뚝가리개(籠手), 정강이가리개(臑当)가 존재한다. 한편 일본열도에서 출토된 소찰식갑주로 찰갑(胴甲), 볼가리개, 수미부가리개(錣), 襟甲, 肩甲, 팔뚝가리개(籠手), 정강이가리개(臑当), 膝甲이 있다. 여기서는 이것들을 대조하면서 개관한다.

1. 찰갑

찰갑의 변천에 대해서는 아래 여러 속성에 관한 논의가 이루어지고 있다.

1) 威技法·威孔列

威技法은 갑주의 부재를 종방향으로 잇는 기법의 하나. 종방향의 부재는 威紐로만 이어지므로 상하로 움직일 수 있는 것이 특징이다. 왜계 갑주에 존재하는 갑주에서는 打延式錣·肩甲·草摺에만 威技法이 채용되나 札式甲冑은 대부분의 무구에 威技法이 넓게 채용된다.

札式甲冑의 威技法은 倭로 도입된 후 한동안 綴付威와 通段威 a 類를 이용한다. 第3威孔이 있는 各段威b類가 주류가 되는 것은 6세기 중엽 이후로 보인다. 이에 반해 가야의 찰갑은 일찍부터 第3威孔이 있는 威技法이 채용된다.

소찰의 威孔列에 대해 보면 가야 찰갑은 威孔1列이 많은 것에 반해 왜의 찰갑은 威孔2列·1列이 병존하며 그후 威孔2列로 통일된다.

이 威技法·威孔列은 변천을 생각하는 데 지표로 이해할 수 있는 속성이다. 특히 淸水和明·內山敏行 씨에 의해 체계화되고 있다(淸水1993, 內山1987·2003).

2) 요찰·草摺裾札의 형상

소찰갑(小札甲)에 사용된 소찰은 대부분 단면형이 만곡 내지는 평찰을 이용하나 허리 부위(요찰)와 草摺의 裾(草摺裾札)에는 특수한 형상을 사용한 것으로 알려져 있다.

요찰(腰札)·草摺裾札의 형상을 보면 가야의 찰갑은 요찰의 단면형이 S자형으로 만곡한 요찰(S자형요찰)과 단면형이 만곡하지 않은 草摺裾札(平裾札)을 이용한 사례가 많다. 이에 반해 도입기의 五條猫塚古墳例, 宮山古墳 출토품은 만곡된 소찰이 없고 모두 평찰로 구성된다. 이후 이어진 向出山1號墳·長持山古墳 출토품은 요찰(腰札)에 Ω字形腰札을 채용하나 草摺裾札에는 평찰을 이용한다. 그 후 埼玉稲荷山古墳·藤ノ木古墳 출토품은 요찰(腰札)에 Ω字形腰札, 草摺裾札에 Ω字形草摺裾札을 이용한다. 飛鳥寺塔心礎 출토품에는 요찰(腰札)에 'く'字形腰札, 草摺裾札에 평찰(平札)을 이용한다. 이는 변천의 지표 가운데 하나로 여겨진다(淸水 1993, 塚本 1997, 內山 2003, 初村 2011).

3) 소찰의 형상

착목할 점으로 소찰의 頭部 형상과 穿孔가 있다. 소찰의 頭部 형상은 크게 방두(方頭), 원두(円頭), 편원두(扁円頭) 3종류가 있다. 앞서 언급한 威孔列을 더한 형태로 소찰갑의 특징이 호칭된다(예 : 円頭威孔 2 列小札).

가야의 찰갑은(円頭威孔 1 列) 그 아래에 綴孔이 8개 뚫린 것이 많다.

이에 반해 倭의 찰갑은 方頭威孔 2 列小札·円頭威孔 1 列小札이 많이 보이나 이후의 자료군에는 원두위공(円頭威孔)2열 소찰이 많다. 고분에서 출토된 자료는 이 원두위공(円頭威孔)2열 소찰이 가장 출토 수가 많다. 자료 수와 시기 폭이 넓으므로 일본열도 내에서 정형화된 소찰로 생각된다(內山 2003). 6세기 후엽경에는 藤ノ木古墳 등의 편원두위공(扁円頭威孔) 1열 소찰이 보인다. 편원두위공(扁円頭威孔) 1열 소찰은 고구려에서 출토된 사례가 있으므로 소위 박재품 러쉬(內山2012)의 시기에 일본으로 이입된 것이다. 기존의 원두위공(円頭威孔)2열 소찰도 이 영향을 받았는지 편원두화(扁円頭化)하는 것 같다.

4) 찰갑의 변천

일본열도에서 출토된 찰갑은 아래와 같이 분류, 변천한다.
① 찰갑 I 類···평찰(平札)만으로 구성된 찰갑. 만곡된 요찰(腰札)·草摺裾札이 없다. ex. 五條猫塚古墳
② 찰갑 II 類···요찰(腰札)만 만곡된 S 字形腰札을 이용한 찰갑. 草

摺裾札은 평찰(平札). ex. 池山洞32號墳

③ 찰갑Ⅲ類…요찰(腰札)만 만곡된 Ω字形腰札을 이용한 찰갑. 草摺裾札은 평찰(平札). ex. 向出山1號墳

④ 찰갑Ⅳ類……원두위공(円頭威孔)2열 소찰을 이용한 찰갑. 요찰(腰札)·草摺裾札은 찰갑Ⅲ類와 동일. ex. 長持山古墳

⑤ 찰갑Ⅴ類…Ω字形腰札·Ω字形草摺裾札을 이용한 찰갑. ex. 埼玉稻荷山古墳, 志段味大塚古墳

⑥ 찰갑Ⅵ類…찰갑Ⅴ類에 各段威가 채용된 찰갑. ex. 円山古墳, 祇園大塚山古墳

⑦ 찰갑Ⅶ類…찰갑Ⅵ類에 편원형소찰(扁円頭小札)이 채용된 찰갑. ex. 藤ノ木古墳, 金鈴塚古墳

⑧ 찰갑Ⅷ類…요찰(腰札)만 만곡된 'く'字形腰札을 이용한 草摺裾札에는 평찰(平札)을 이용한 찰갑. ex. 飛鳥寺

대체로 찰갑Ⅰ類가 이르고 찰갑Ⅷ類가 느리다. 그러나 가야지역에서 주로 보이는 것은 찰갑Ⅱ類이며 그 일부가 왜로 도입되었다. 다만 이 찰갑Ⅱ類는 가야지역에서 5세기 전반대에 출토되는데 일본열도에는 5세기 말~6세기대의 자료가 많다.

2. 팔뚝가리개(籠手)

팔뚝가리개(籠手)는 板籠手·筒籠手·篠籠手로 나뉜다. 이 가운데 板籠手는 한반도에서 출토된 사례가 있으며 이와 유사한 자료가 일본열도에서도 출토되었다. 筒籠手와 篠籠手는 한반도에서 출토되지 않아 일본열도의 독자적인 무구로 보인다(橋本 2014c).

출토 사례가 많은 篠籠手는 大阪府長持山古墳 출토품이 유명하나 잔존 상황이 좋지 않아 구조를 비교하기 어렵다. 그러나 石川縣和田山5

號墳 출토 篠籠手는 어느 정도 형상을 복원할 수 있으며 전기의 팔뚝가리개(籠手)에서 보이는 篠狀鉄札의 배치이다. 전기형(前期型)의 篠狀鉄札 배치를 기본으로 새로운 綴孔의 配置·威技法을 채용함으로써 手甲威의 篠籠手가 창출되었을 가능성이 있다. 또 사용하는 篠狀鉄札의 매수에도 크게 차이가 있어 和田山5號墳 출토품은 15매의 篠狀鉄札로 팔뚝가리개(籠手)를 구성하는 것에 반해 長持山古墳例 출토품은 31매로 배가 증가한다. 매 수가 많아야 곡면을 구성하기 쉬우므로 매수가 적은 和田山5號墳 출토품은 곡면 구성이 어려웠을 것이다. 篠狀鉄札 모두 완만하게 굴곡되어 있다. 소수이나 각 부재의 세부에도 차이가 있다.

손보호대(手甲)의 경우 초기 제품은 원두위공(円頭威孔)1열 소찰을 채용하나 長持山古墳 사례 이후는 원두위공(円頭威孔)2열로 거의 통일되어 가는 듯하다. 또 藤ノ木古墳에 보이는 편원두위공(扁円頭威孔) 1열이 도입되자 동일한 소찰이 손보호대(手甲)에 채용된다.

3. 정강이가리개(臑当)

정강이가리개(臑当)는 篠臑当만 존재한다. 팔뚝가리개(籠手)와 마찬가지로 잔존 상황이 좋은 않은 사례가 많으므로 구조를 비교할 수 없으나 원두위공(円頭威孔)1열, 방두위공(方頭威孔)2열, 원두위공(円頭威孔)2열, 편원두위공(扁円頭威孔) 1열로 크게 분류할 수 있다.

가야지역에서는 円頭威孔1열의 篠臑当가 존재하며 말의 경갑(頸甲)에 사용된 사례도 있다. 이 경우는 마구와 세트로 출토되어 잘 구분할 필요가 있다.

倭에는 방두위공(方頭威孔)2열의 篠臑当와 원두위공(円頭威孔)1열 篠臑当가 도입기부터 존재한다. 원두위공(円頭威孔)1열 篠臑当는 한반도에서 출토된 사례가 많아 그 영향을 받은 것처럼 보이는데 방두위공(方頭威

孔)2열 篠膞当는 한반도에서 확인되지 않으므로 일본열도의 독자적인 것으로 추측된다. 長持山古墳 사례로 보아 원두위공(円頭威孔)2열 篠膞当로 통일된다. 또 藤ノ木古墳 사례로 보아 편원두위공(扁円頭威孔) 1열 篠膞当이 출현한다.

4. 경갑(頸甲)·襟甲과 견갑(肩甲)

일본열도에서는 소찰견갑의 존재가 알려져 있으며 그 소찰견갑을 장착한 갑옷으로 경갑(頸甲)·襟甲이 있다.

1) 襟甲과 소찰견갑(小札肩甲)

襟甲은 한반도의 무장에서 많이 보이는 무구이다. 襟甲은 小札肩甲과 공반되며 목 주변과 어깨 주변을 보호하는 방어구이다.

한반도에서 출토된 襟甲은 縱矧細板式이 많고 연결기법으로 혁철 또는 병유가 확인된다. 襟의 높이는 최대 15cm 정도로 높다. 한반도 무구에서 목 주변의 방어가 襟甲에 의한 것이 이에 기인한다. (한반도 무구에서는 목 주위는 襟甲으로 방어하는 것이 큰 이유이다). 투구 부속구인 볼가리개(頬当)·수미부가리개(錣)는 襟甲 안쪽으로 들어가며 크게 퍼지지 않는다. 투구의 수미부가리개(錣)가 1단 정도로 짧은 깃도 이를 뒷받침한다.

한편 일본열도에서는 목 주변을 수미부가리개(錣)로 방어하며 수미부가리개(錣)가 3~4단 정도로 넓게 전개된다. 또 경갑(頸甲)의 襟部는 10cm도 되지 않고 높이가 낮다. 한반도에서 확인되는 襟가 높은 襟甲을 일본열도의 무장에 그대로 도입하면 襟甲과 胄錣이 서로 간섭하게 된다. 따라서 일본열도 무장체계로 襟甲을 도입하는 데 襟甲의 높이를 낮게 하는 구조의 개량이 이루어진 듯하다(初村 2010).

일본열도에서 출토된 襟甲에는 縱矧細板式과 打延式이 존재한다.

打延式襟甲은 일본열도에서 출토된 打延式甲冑의 영향을 받은 것으로 생각된다.

襟甲과 동반된 肩甲은 출토상황이 좋지 않아 확정할 수 있는 것이 많지 않다.

2) 경갑(頸甲)과 소찰견갑(小札肩甲)

襟甲에 부속된 소찰견갑(小札肩甲)의 영향을 받아 개체 수는 적으나 왜의 경갑(頸甲)에 소찰견갑(小札肩甲)을 도입하는 상황이 확인된다.

경갑(頸甲)에 打延式肩甲을 장착하는 경우 4공 또는 2공을 한 세트로 어깨의 여러 곳에 뚫는다. 한편 경갑(頸甲)에 소찰견갑(小札肩甲)을 장착하는 경우 경갑(頸甲)의 어깨에 각각 일정한 간격으로 구멍을 뚫은 사례가 확인된다. 이를 통해 경갑(頸甲)에 장착된 견갑(肩甲)의 구조를 알 수 있다.

소찰견갑(小札肩甲)은 현재 알려진 바에 의하면 전장 42~51mm, 폭 15~31mm이며 소찰갑(小札甲)에 사용된 소찰보다 작다. 또 두부(頭部)형상·威孔列을 보면 방두위공(方頭威孔)2열, 편원두위공(扁円頭威孔) 2열, 원두위공(円頭威孔)1열, 원두위공(円頭威孔)2열이 존재한다. 원두위공(円頭威孔)1열 소찰은 1열뿐이므로 상세한 것은 알 수 없으나 威孔2열 소찰에 한정한다면 소찰갑(小札甲)에 사용된 소찰의 변화와 마찬가지로 방두(方頭) → 원두(円頭)로 변화되었다고 보는 것이 적합하다.

5. 투구·수미부가리개(錣)·볼가리개(頬当)

일본열도 내에서 전개된 소찰볼가리개(小札頬当)·소찰수미부가리개(小札錣)는 모두 충각부주에 동반된 것이다. 최근 발굴된 金井東裏遺跡 출토 횡신판병류(橫矧板鋲留)충각부주가 그 모습을 극명하게 남긴다.

1) 투구와 그 부속구

수미부가리개(錣)·볼가리개(頬当)는 투구의 요권판 또는 이에 상응하는 부위에서 아래로 내려오는 무구이다. 앞서 언급한 群馬縣金井東裏遺跡 출토품은 양호한 상태로 발견되었으나 이외 다른 출토품은 상태가 좋지 않다. 그러나 소찰볼가리개(小札頬当)·수미부가리개(錣)를 장착하는 투구에는 요권판에 등간격으로 뚫은 구멍 열이 보이므로 투구를 관찰함으로써 부속구가 존재한 것으로 추정할 수 있다.

가야지역에서는 縱矧細板冑(몽고발형주)에 소찰을 사용한 수미부가리개(錣)·볼가리개(頬当)가 공반된다. 볼가리개(頬当)에 사용된 부재는 1매판, 篠状鉄札, 원두소찰(円頭小札), 방두소찰(方頭小札)이 존재하며 대체로 篠状鉄札 → 1매판 → 소찰 순이다. 그 후 관모부주에서는 다각형의 판과 수적형(물방울모양)의 판을 이용하는 것도 있다.

倭에서는 충각부주에 소찰볼가리개(小札頬当)·수미부가리개(錣)가 장착된다. 이 조합의 출현은 소찰갑(小札甲) 도입기보다 조금 늦다. 현재 가장 이른 사례는 大阪府長持山古墳으로 보이며 기본적으로 원두위공(円頭威孔)2열 소찰을 채용한다. 이는 앞서 언급한 縱矧細板冑과 다른 점이다. 그러나 조립 방법은 기본적으로 같으므로 원류는 역시 縱矧細板冑에서 구해야 할 것으로 보이며 일본열도 내에 정착된 후 독자적으로 전개된 것으로 생각된다.

2) 倭의 볼가리개(頬当)

볼가리개(頬当)는 기본적으로 綴기법으로 조립하고 내측에 씌운 가죽·포 등을 바깥쪽으로 접어(折り返し) 마무리한다. 威기법을 사용하지 않으므로 위·아래 방향으로 움직이지 않는다.

기본적으로는 한 종류의 소찰을 사용하지만 金井東裏遺跡에서 3종류의 소찰로 조립한 사례가 확인되었다. 다른 사례는 확인되지 않아 현재로서는 특이한 사례로 볼 수 있다.

볼가리개(頰当) 소찰은 구멍을 기준으로 3종으로 분류된다.

① 원두형으로 두부(頭部)에 2열×2공 총 4개, 札足에 열×1공 총 2개를 뚫은 것.
② 원두형으로 두부(頭部)에 2열×2공 총 4개, 札足에 열×2공 총 4개를 뚫은 것.
③ 원두형으로 두부(頭部)에 2열×2공 총 4개, 札足에 열×2공과 구멍 3개 총 7개를 뚫은 것.

이 3유형은 비교적 이른 단계부터 병존한다. 또 이것들은 모두 소형 → 대형으로 변하므로 점차 소찰 매수를 생략한 것으로 이해할 수 있다. 다만 ②는 長持山古墳 출토품보다 대형화한 계통과 이보다 한 단계 작은 소찰을 이용한 계통으로 나눌 수 있을 듯하다.

3) 倭의 수미부가리개(錣)

볼가리개(頰当)는 威技法을 채용하지 않아 잔존 상황이 좋지 않아도 판별할 수 있으나 수미부가리개(錣)는 다른 찰식갑주(札式甲冑)와 마찬가지로 綴技法과 威技法으로 조립하였으므로 판별할 수 없는 것이 많다. 그러나 찰갑(札甲)에 사용된 소찰과 비교하면 소형 소찰을 이용한 점은 특징 가운데 하나라고 할 수 있다.

원래는 한 종류의 소찰로 조립된 것 같으나 群馬縣金井東裏遺跡 출토품은 1단과 2단에 다른 평찰(平札)을 이용하였고 또 裾札에 Ω字形裾札을 이용한다. 이와 같은 특징은 山の神古墳例과 珠城山3號墳 출토품에서도 확인되어 金井東裏遺跡 출토품은 고훈시대 후기에 특징적으로 소찰을 이용한 사례로 평가된다(內山 2017).

6. 일본열도에서 확인되는 한반도계갑주

일본열도에서 출토된 찰식갑주(札式甲冑) 가운데 주류는 앞서 언급한 대로이다. 그러나 소수이지만 이와 소찰 형상, 구조가 다른 자료군(소위 한반도계갑주)이 존재한다.

1) 縱矧板冑와 그 부속구

縱矧細板冑(소위 몽고발형주)와 縱矧板冑(소위 돌기부주·관모부주)가 존재한다. 전자는 고훈시대 중기에 많고 후자는 고훈시대 후기 후엽에 많다.

縱矧細板冑은 일본열도에서 출토된 사례가 희소하며 山梨縣かんかん塚古墳, 京都府美濃山大塚古墳, 奈良縣円照寺墓山1號墳, 熊本縣楢崎山5號墳 등이 있으나 모두 잔존 상태가 좋지 않다. 그러나 かんかん塚古墳出土冑에서는 두정부(頭頂部)의 복발과 지판, 방두소찰을 사용한 소찰 볼가리개(小札頬当), 원두위공(円頭威孔)1열 소찰을 이용한 小札錣(소찰수미부가리개)가 확인되었다(初村 2010).

縱矧板冑는 群馬縣綿貫觀音山古墳에서 확인되는 투구로 한반도에서 많이 확인된다. 당초에는 관모형인 두정부의 장식이 돌기형으로 변화한 것이 아닐까. 內山敏行에 의해 한반도 자료와 비교가 이루어지고 있다. 편원두위공(扁円頭威孔) 1열 소찰갑(小札甲)과 함께 외래계갑주 세트로 인식되어 한반도 삼국시대 사회의 갑주가 일본열도로 반입된 것으로 평가한다(內山 2020).

동일한 투구는 한반도에 존재하므로 제품을 직접 반입한 것으로 추측된다.

2) 한반도계찰갑

일본열도 출토 소찰갑 가운데 가야에서 출토된 원두위공(円頭威孔)1열 평찰(平札)이며 綴孔를 2열×2공×2곳 총 8공을 뚫은 것을 사용한 소찰갑은 지금까지 여러 사례가 확인된다. 大阪府高井田山古墳·福岡縣塚堂古墳·佐賀縣潮見古墳 등 S字形요찰이 있는 사례가 많으나 香川縣王墓山古墳·福岡縣沖ノ島7號祭祀遺跡에서는 Ω字形腰札이 확인된다. 현

재로서는 실제로 출토된 수량을 알 수 없으나 奈良縣円照寺墓山1號墳과 愛知縣おつくり山古墳, 山梨縣三珠大塚古墳 등 각지의 자료 정리가 진행되면서 그 수는 증가할 것으로 추측된다.

또 앞서 언급한 綿貫觀音山古墳 사례처럼 외래계투구와 세트인 찰갑도 외래계로 평가된다(內山 2012). 다만 일본열도제라는 의견을 완전히 배제하기도 어렵다(內山 2020).

7. 가야지역의 왜계찰식갑주

한편 가야에도 일본열도에서 출토된 갑주와 동일한 것이 존재한다. 대부분은 충각부주와 단갑을 비롯한 대금식(帶金式)·打延式甲冑가 유명하나 왜의 찰식갑주(札式甲冑)(이하, 왜계찰식갑주)도 어느 정도 존재한다.

양호한 세트로 유명한 것이 송학동1A-1호분 갑주 세트이다. 소찰갑(小札甲)·篠籠手·높이가 낮은 襟甲·견갑(肩甲)이 확실하며 篠臑当도 존재할 가능성이 있다. f자형경판부비와 검릉형행엽·쌍검릉형행엽 등 왜계유물이 포함된 점도 주목된다.

또 연산동M8호분 출토 소찰도 向出山1號墳 사례와 마찬가지로 경갑(頸甲)에 장착된 소찰견갑(小札肩甲)으로 볼 수 있을 것이다. 소수이기는 하나 왜계찰식갑주는 어떤 움직임 속에서 가야지역으로 반입된 것으로 추측된다.

8. 찰식갑주의 변용·전개로 본 가야·왜의 관계성

가야지역에서는 주로 볼가리개(頰当)·수미부가리개(錣)에 부속된 縱矧板冑과 소찰견갑(小札肩甲)付属襟甲, 찰갑이 많이 확인되며 여기에

板籠手·篠臑当가 공반된 사례가 산견된다. 특히 찰갑에서 보이는 원두위공(円頭威孔)1열, 철공(綴孔)이 8개 있는 소찰과 S字形腰札은 특징적이다. 시기가 내려오면 Ω字形腰札을 채용하는 변화도 보이나 원두위공(円頭威孔)1열이며 철공(綴孔)이 8개 있는 소찰을 계속해서 이용한 것은 일관된 것으로 볼 수 있다.

한편 일본열도에서 출토된 찰식갑주(札式甲冑)는 출현하였을 당시에는 원류를 알 수 없는데 가야와 다른 구조·부재를 이용한 소찰갑이었던 것 같다. 다만 일본열도에서 원두위공(円頭威孔)1열 Ω字形腰札을 채용한 배경에 가야지역의 S字形腰札·Ω字形腰札의 영향을 받았을 가능성도 충분히 상정할 수 있다(內山 2008b).

또 일본열도에 존재하지 않은 무구―襟甲·정강이가리개(臑当)―는 가야지역의 것과 기본 구조가 같다. 그러면서도 왜계갑주 속에서 적합한 형태로 조금씩 개변하여 도입할 수 있게 되었다(初村 2010).

가야에서는 왜계대금식·打延式甲冑과 함께 찰식갑주(札式甲冑) 일부가 도입된 것은 확실하나 왜의 찰식갑주(札式甲冑) 구조를 채용 또는 원용한 점은 현재 확인하기 어렵다. 한편 일본열도에서 출토된 자료는 가야지역을 포함한 한반도계 갑주의 구조를 자신의 무장체계로 융화시켜 도입하고자 한 것 같다.

III. 맺음말

여기서는 가야와 왜의 찰식갑주 비교를 통해 양자의 관계성을 생각해 보았다.

가야의 찰식갑주는 왜의 찰식갑주 이전에 존재하였고 넓게 전개되었으며 그 일부가 왜로 도입되었다. 왜의 찰식갑주는 그 원류가 다양할 가능성이 있다. 정강이가리개(臑当)와 팔뚝가리개(籠手)는 가야의 것과 유사하나 도입기의 찰갑은 가야의 것과 특징이 크게 다른 듯하다. 그러나 구조는 다르지만 円頭威孔1열의 요찰을 도입하는 등 피상적으로 도입된 특징을 도입하는 과정도 알 수 있다.

현재 한국과 일본에서 많은 자료가 다시 정리되고 새로운 자료가 잇따르고 있다. 이로써 가야와 왜에서 발견된 갑주의 관계도 앞으로 많은 연구 성과를 통해 다양한 점이 추출될 것이라 기대된다.

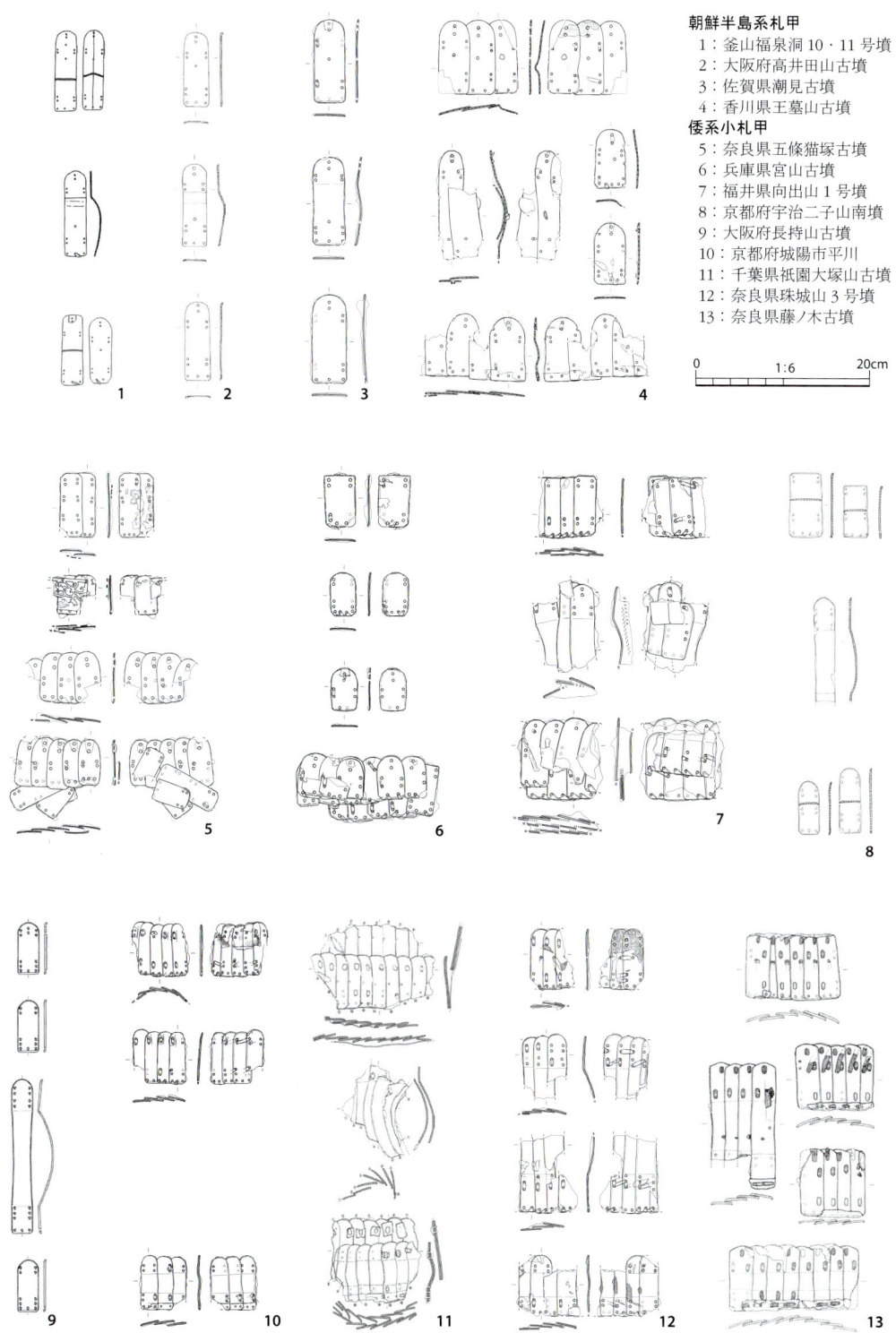

[그림 1] 한반도 및 일본열도 출토 찰갑(소찰갑)

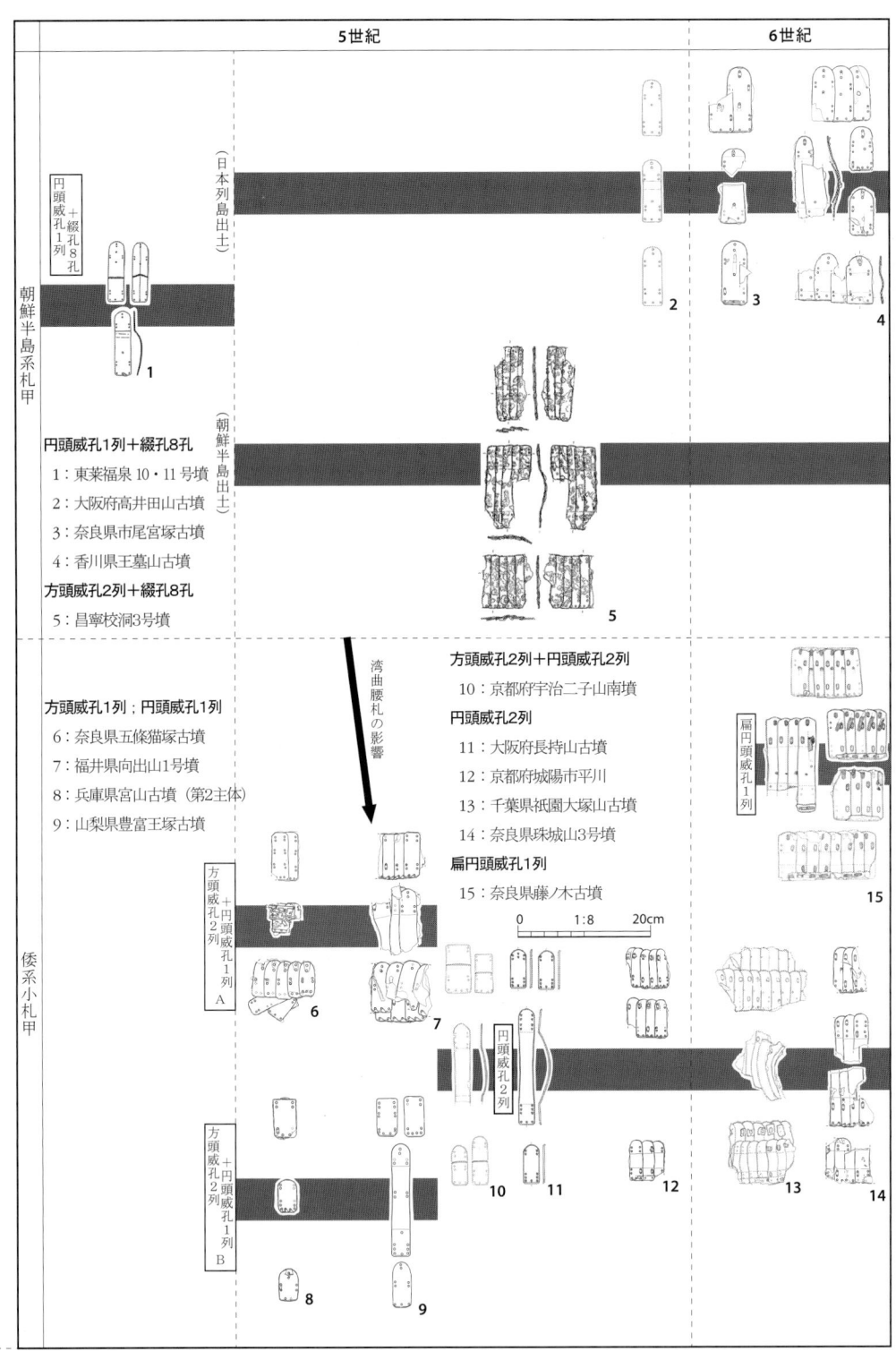

[그림 2] 한반도 및 일본열도 출토 찰갑의 변천

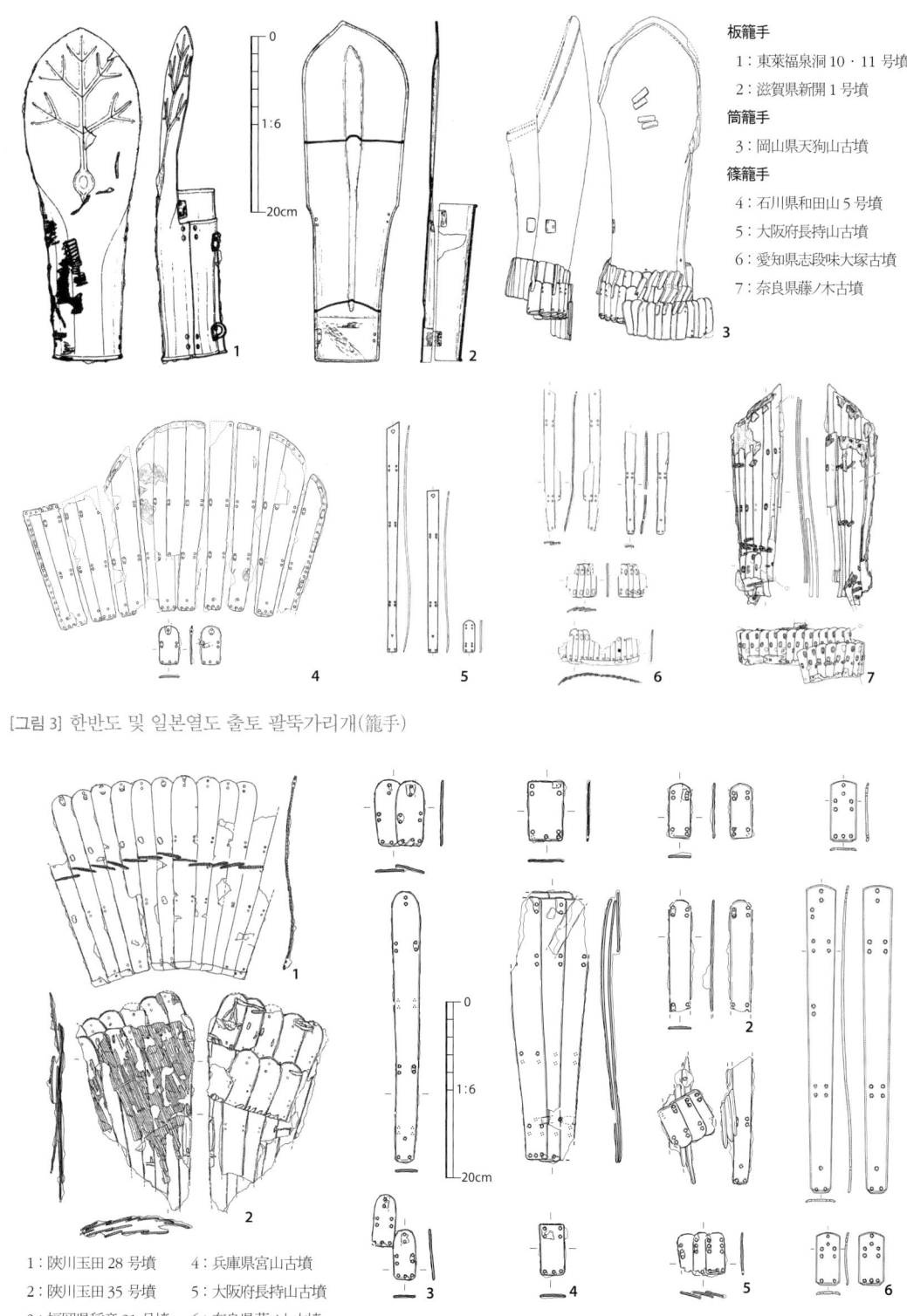

[그림 3] 한반도 및 일본열도 출토 팔뚝가리개(籠手)

[그림 4] 한반도 및 일본열도 출토 정강이가리개(臑当)

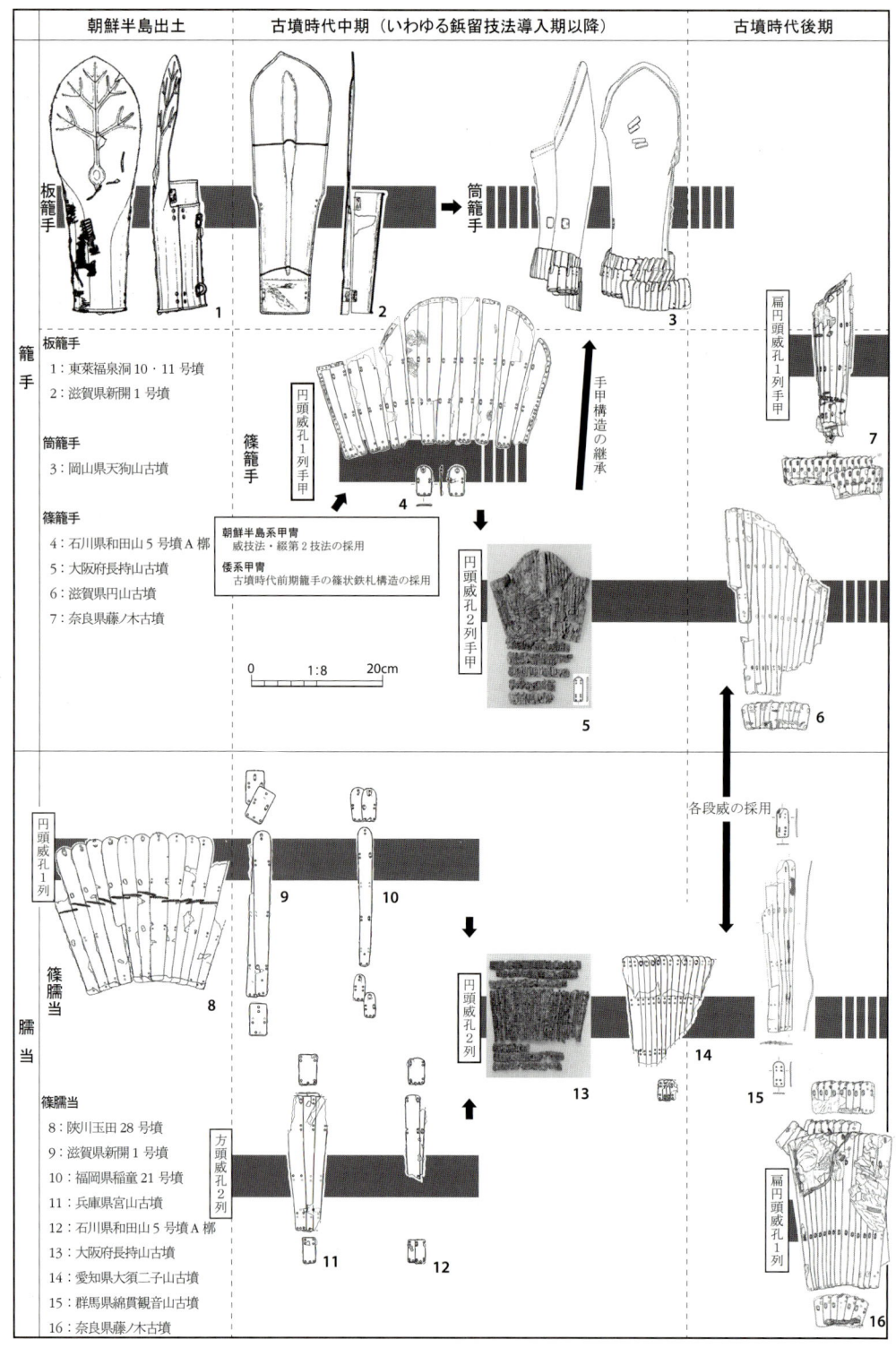

[그림 5] 한반도 및 일본열도 출토 팔뚝가리개(籠手)·정강이가리개(臑当)의 변천

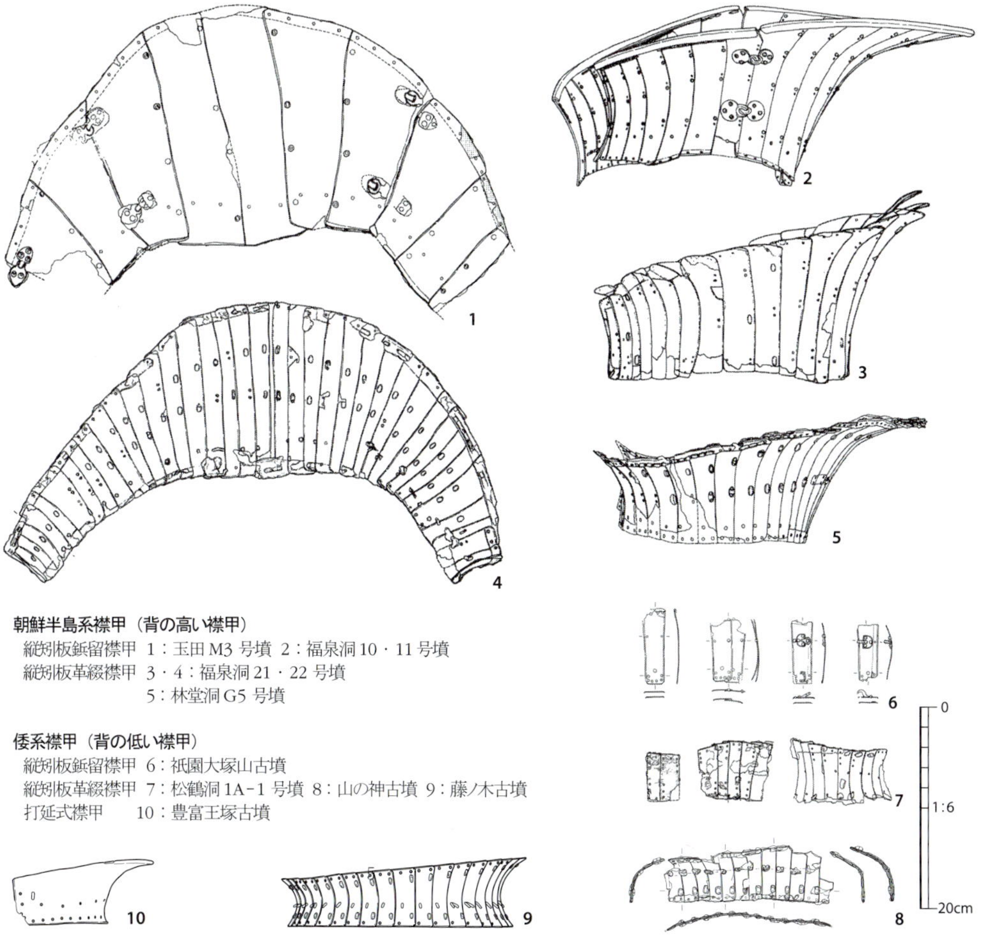
1
2
3
4
5
朝鮮半島系襟甲（背の高い襟甲）
縦矧板鋲留襟甲 1：玉田 M3 号墳 2：福泉洞 10・11 号墳
縦矧板革綴襟甲 3・4：福泉洞 21・22 号墳
5：林堂洞 G5 号墳
倭系襟甲（背の低い襟甲）
縦矧板鋲留襟甲 6：祇園大塚山古墳
縦矧板革綴襟甲 7：松鶴洞 1A-1 号墳 8：山の神古墳 9：藤ノ木古墳
打延式襟甲 10：豊富王塚古墳
6
7
8
9
10
0
1:6
20cm

[그림 6] 한반도 및 일본열도 출토 襟甲

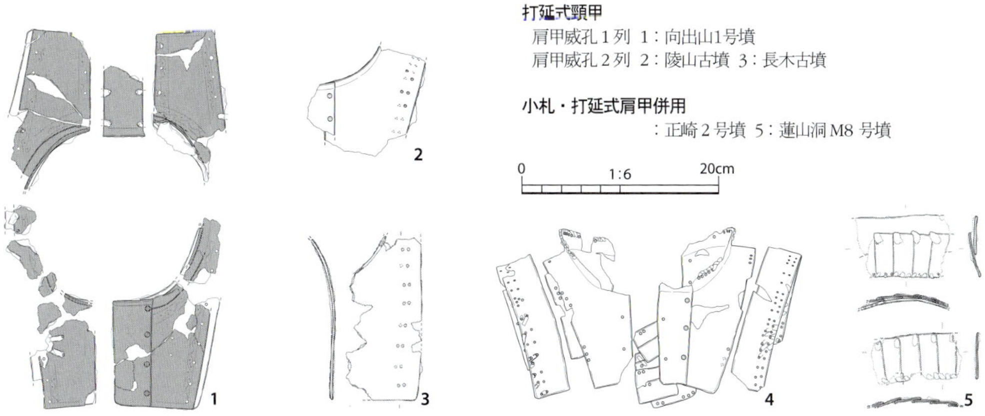
打延式頸甲
肩甲威孔 1 列 1：向出山1号墳
肩甲威孔 2 列 2：陵山古墳 3：長木古墳
小札・打延式肩甲併用
：正崎 2 号墳 5：蓮山洞 M8 号墳
0
1:6
20cm
1
2
3
4
5

[그림 7] 한반도 및 일본열도 출토 소찰견갑을 동반한 경갑(頸甲)

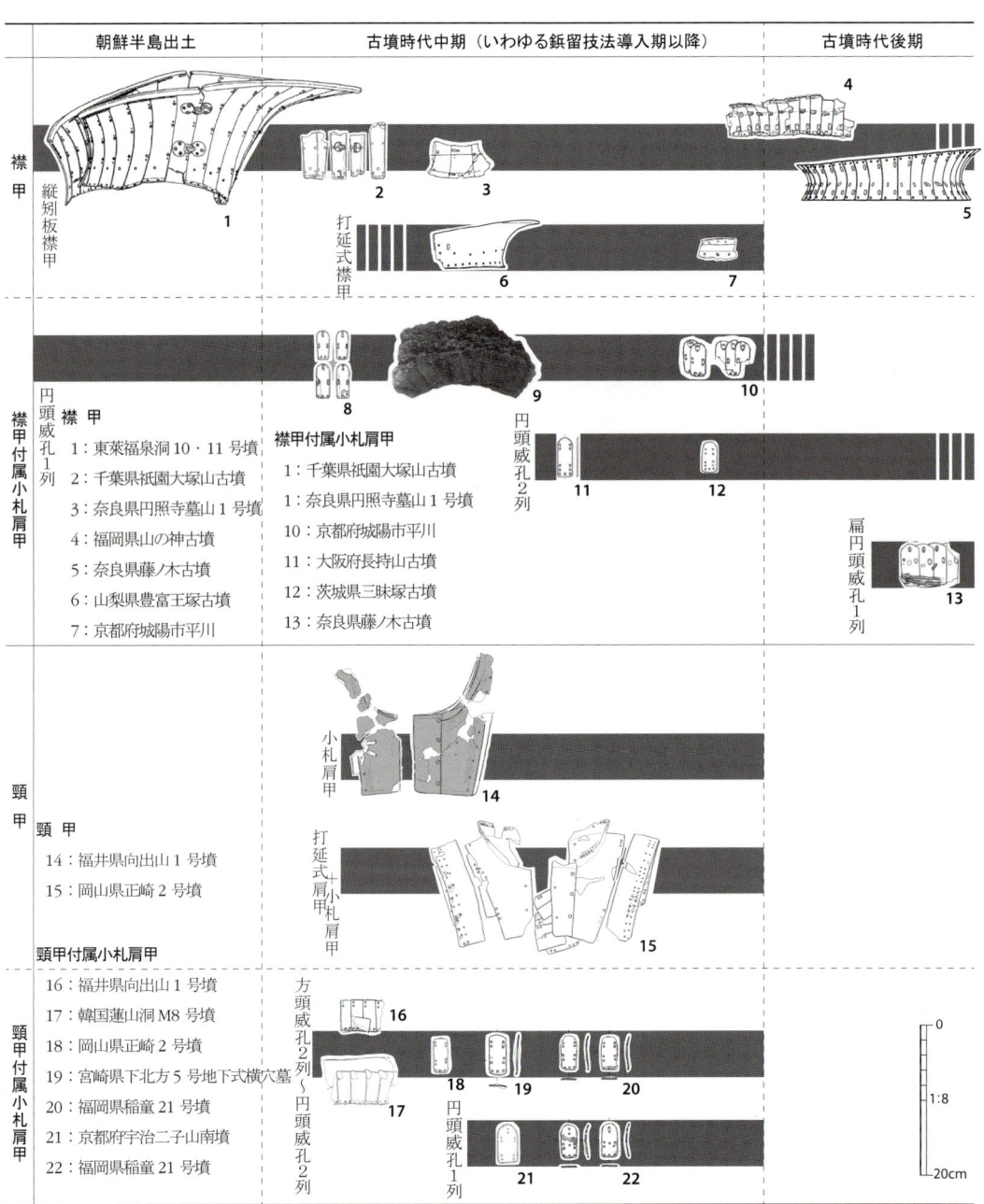

[그림 8] 한반도 및 일본열도 출토 소찰견갑을 동반한 襟甲·경갑(頸甲)의 변천

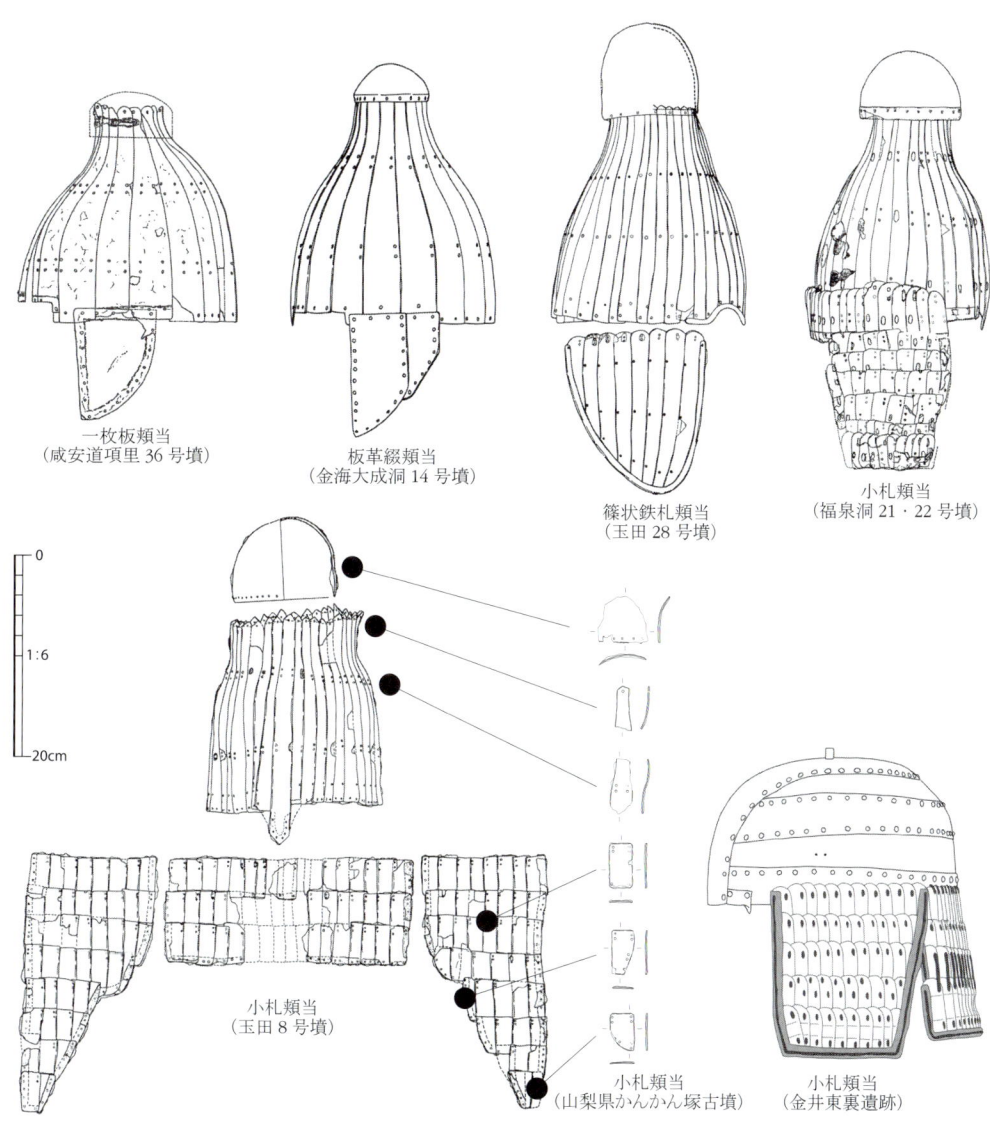

[그림 9] 한반도 및 일본열도 출토 소찰볼가리개(頬当)·수미부가리개(錣)를 동반한 투구

4 古代札甲からみた倭と加耶

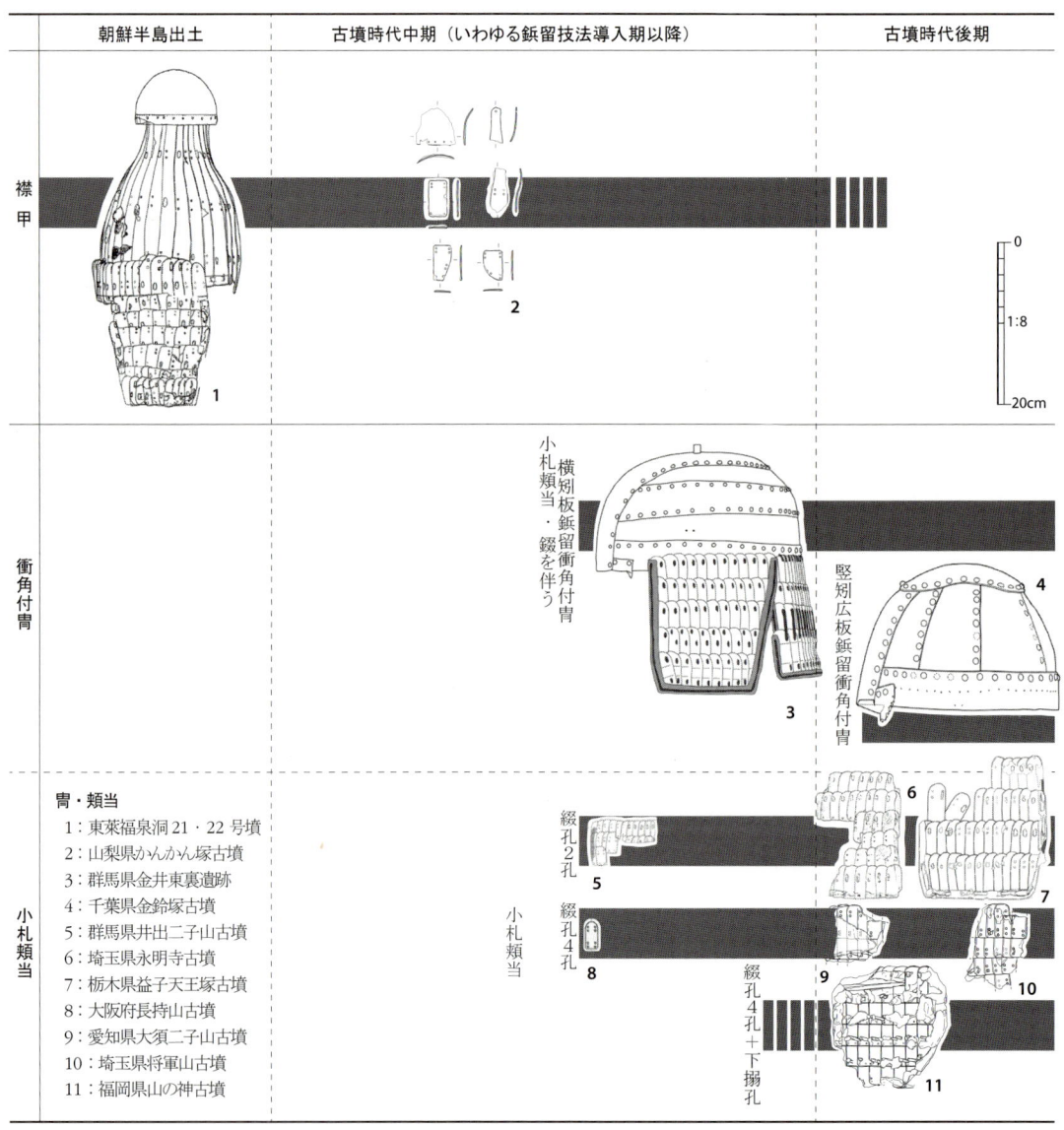

[그림 10] 한반도 및 일본열도 출토 소찰볼가리개(頰当)·수미부가리개(錣)를 동반한 투구의 변천

「고대 찰갑으로 본 왜와 가야」에 대한 토론문

이현주 부산박물관

갑주연구는 좁고 세밀하여 연구자집단에서 조차도 접근이 어렵게 여겨지는 전문적인 분야지만, 이를 심층적으로 연구하기 위해서는 기술사적인 검토 외에도 역사적 맥락의 전개, 전쟁과 전술 등 폭넓은 연구시야가 필요하다고 생각한다. 그런 면에서 初村武寬선생님의 고대 일본과 가야의 갑주를 비교 연구하는 논문은 세밀한 부분에 대해 방대한 자료를 섭렵해야 하는 어렵고 힘든 작업이었음에 틀림이 없다. 이번 발표문을 읽고 평소 토론자 자신이 일본갑주연구에 있어서 궁금했던 점을 포함하여 몇 가지 질문하려고 한다.

1. 고대 일본 갑주의 전개과정에서 찰갑도입기의 역사적 배경과 과정에 대해서 궁금하다. 한반도와 마찬가지로 일본에서도 4세기대에 이미 찰갑전통이 있어 奈良縣 香芝市 城山2號에서 완성형의 찰갑이 출토되었고, 滋賀縣 雪野山古墳에서 출토된 小札冑 등 다수의 사례가 있었다. 그럼에도 불구하고 5세기대에는 맥락이 연결되지 못했던 배경에 대해서 궁금하다. 또한 기술사적인 측면에서 완성형의 박제품이 고대 일본에 도입되었다 하더라도 그것을 모방하여 제작하고자 하는 움직임 없이 150여년의 세월을 건너뛰고 난 후에야 시작하는 배경에는 어떠한 역사적 배경이 있는지 설명을 듣고 싶다.

2. 고분시대 후기 한반도로부터 도입된 소찰식갑주가 일본에서 수

용되는 배경과 구체적으로 어떤 부분이 변용되어 갔는지에 대해 구체적인 발표자의 의견을 듣고 싶다. 특히 群馬縣 金井東裏遺跡과 栃木縣 益子天王塚 등의 충각부주에 부착된 볼가리개와 수미부가리개는 왜계 투구몸체에 삼국의 갑주 제작기술의 융합이라고 할 수 있다. 이러한 투구가 왜 만들어졌는지? 한반도로부터 기술자가 건너간 것인지, 혹은 투구의 수리과정에서 새로운 갑주제작 패러다임을 도입하여 소찰식 볼가리개와 수미부가리개가 부착된 것인지? 배후에 어떤 정치적인 계기가 있는 것인지? 등 궁금하다. 또한 群馬縣 綿貫観音山古墳과 福島縣 渕の上1號墳·勿來 金冠塚古墳의 縱矧板冑의 출현배경도 궁금하다. 6세기 중엽 이후 한국에서는 갑주부장 풍습이 차차 사라지면서 삼국시대 후기 갑주양상이 명확한 양상으로 드러나지는 않지만, 위의 사례들이 한반도의 갑주와 완벽하게 일치하지도 않은 것으로 보인다. 즉 冑體를 縱矧板으로 구성한 점, 소찰식 볼가리개 부착, 관모형 투구라는 점 등 큰 틀에서는 동일하나, 세부적으로 V자모양 眉間部가 없고, 관모 형태가 아래쪽이 축소되는 돌기형인 점, 관모와 주체의 연결방식 등에서 차이가 보인다. 이러한 차이를 시기적인 변화인지 모방의 과정에서 변형된 것인지 등에 대해서도 발표자의 견해를 듣고 싶다.

3. 발표자는 고대 일본의 소찰갑을 8가지로 분류하고, Ⅰ류 → Ⅷ류로의 시간성을 반영하고 있다고 하였다. 또한 한반도 소찰갑의 정형성을 Ⅱ類에서 찾으며, 5세기 말경에 소찰갑 Ⅱ類가 집중적으로 출토되는 것을 한반도의 영향으로 보는 것으로 이해하였다. 그러면 Ⅴ류 소찰갑으로 형성되어 가는 배경에는 한반도의 영향 없이 일본의 자체적인 발전과정으로 보는 것인지에 대해서 발표자의 의견을 듣고 싶다.

4. 한국의 頸甲(발표자의 襟甲)은 최고높이가 15cm가 아니라 20cm 내외로 훨씬 높다는 점을 지적하고 싶다. 발표자의 지적처럼 목을 보호하

[표 1] 가야지역 출토 경갑 잔존높이

유적명	높이(cm)	유적명	높이(cm)
金海 良洞 107호	20	釜山 福泉洞 35호 A	27
陜川 玉田 70호	23	釜山 福泉洞 35호 B	19
陜川 玉田 M3 A	24	釜山 福泉洞 21·22호(주곽)	18
陜川 玉田 M3 B	22	釜山 福泉洞 21·22호(부곽)	20
陜川 玉田 M3 C	24	釜山 福泉洞 10·11호(주곽)	18
南原 月山里 M1-A	23	釜山 福泉洞 16호	19
釜山 福泉洞 140호	19	釜山 福泉洞 8호(동아대)	20

는 경갑과 투구 아랫단에서 내려오는 볼가리개·수미부가리개는 서로 충돌되므로 일찍부터 길이와 형태를 조절하여 충돌을 피하는 방향으로 진행하였다고 생각한다. 즉 4세기대의 종장판갑의 목부분에 부착된 종장판을 부채꼴모양으로 연결한 후경부가 있을 때는 투구에 수미부가리개가 없이 후두부 지판을 조금 길게 재단하여 간소하게 제작하였다. 그러나 5세기대에는 군사적 상징성을 극대화 하는 시기에는 투구의 볼가리개와 수미부가리개와 길게 늘어뜨리고, 경갑 역시 높고 넓게 벌어지는 형태로 진행되나, 5세기 후엽이 되면 경갑의 크기를 축소시키는 경향성을 부산 복천동 140호 경갑을 통해 이해할 수 있다. 그런 면에서 경갑의 구조도 시간성을 반영하므로 藤ノ木古墳의 경갑(발표자의 襟甲)도 일본 내의 자체적인 구조개량이라기 보다 한반도에서 도입할 당시에 이미 높이가 낮은 상태였을 가능성은 없는지 발표자의 견해를 듣고 싶다.

편집 후기

가야는 철의 왕국이라는 별칭이 있을 정도로 다양한 철제품이 여러 유적에서 출토되었다. 그중에서도 갑옷은 주변과 치열하게 전쟁하였던 가야 전사(戰士)들의 상징이면서 당시 가야가 가지고 있던 기술의 정수를 잘 보여주고 있다. 여러가지 형태의 갑옷 가운데 작은 비늘형태의 철판을 수백 매나 수천 매를 이어 만든 비늘 갑옷은 가야를 넘어 삼국시대를 대표하는 갑옷이라고 할 수 있다.

비늘 갑옷은 이처럼 중요한 문화재이지만 복원이 어렵고 연구 인력이 부족하여 많은 연구가 이루어지지 못하였다. 가장 큰 문제는 가야의 비늘 갑옷의 기본적인 형태에 대해서도 체계적인 정리가 되지 못한 점이다. 이러한 이유에서 2020년 학술제전의 소주제로 '가야의 찰갑'을 기획하게 되었다. 무엇보다 이 학술제전으로 기왕의 자료를 재검토해보고 향후 연구 과제를 논의해 보는 것이 개최의 의도라고 하겠다.

이번 책은 학술제전의 결과물로 모두 4개의 논문이 수록되어 있다. 첫 번째 논고는 금관가야의 왕묘인 대성동 고분군에서 출토된 다양한 비늘 갑옷 자료를 비교 분석하였다. 필자는 일부 비늘 갑옷의 복원안을 제시하면서 금관가야에 두 가지 종류의 비늘 갑옷이 제작되었음을 밝혔는데, 특히 삼국시대의 다양한 비늘 갑옷 중 김해 지역을 중심으로 제작되었던 비늘 갑옷을 집중 검토하였다. 두 번째 논고는 가야의 대표 유적인 복천동고분군에서 출토된 여러 비늘 갑옷을 비교 검토하여 기존에 알려진 것과는 다른 새로운 복원안을 제시하였다. 또한 3D 모델링안을 제시하여 비늘 갑옷을 입체적으로 복원하였다. 세 번째 논고는 대가야의 대표 유적의 하나인 옥전고분군에서 출토된 비늘 갑옷의 구조와 특징을 살펴보았다. 옥전고분군 출토 비늘 갑옷은 도굴 등의 출토 상황으로 인해 제대로 된 구조 복원에 어려움이 있으나 필자는 기왕의 연구 성과를 참고하여 복원의 기초적인 자료를 제공하였다. 네 번째 논고는 일본과 가야 지역에서 출토된 비늘 갑옷을 비교하여 영향과 의미를 살펴보았다. 비늘 갑옷은 왜와 가야의 기술 교류를 보여주는 중요한 자료이지만 이제까지 관련 연구가 미흡하였다. 이번 논고를 계기로 기초적인 정리를 해보았기에 향후 이에 대한 연구가 더욱 활발해 질 것으로 기대하게 한다.

　　이번 학술총서를 계기로 삼국시대 주요 갑옷인 비늘 갑옷에 대한 국민들과 학계의 관심을 높이고 가야 사회를 이해하는 데 조금이나마 도움이 되길 기대한다. 또한 이러한 학술 성과가 향후 '가야 전사(戰士) 연구', '가야의 전쟁사 연구' 등 가야사 복원을 위한 디딤돌이 되길 희망한다.(김혁중)